しごと場見学!

空港で働く人たち

しごとの現場と
しくみが
わかる!

中村正人 著
全国中学校進路指導・キャリア教育
連絡協議会推薦

ぺりかん社

この本でみなさんに
伝えたいこと

　あなたは飛行機が好きですか。この本を手にした人のなかには、小さいころにご両親に連れられ、空港の展望デッキから飛行機が飛んでいく姿を眺めながら、いつか自分も空港で働いてみたいと思ったことのある人も多いんじゃないかな。

　はるか遠い世界への夢やあこがれを乗せて大空を飛んでいく飛行機。その離着陸の場である空港とはどんなところなのだろう。

　誰もが知っているのは、乗客が飛行機に乗るために利用するチェックインロビーや待合室、ショップ、レストランの並ぶラウンジでしょう。飛行機が大きな音を立てて離陸したり、滑走路から駐機場まで地上走行してくるようすは、ゲートラウンジから窓越しで見ることができます。そこでは、飛行機の整備や燃料補給、荷物の積み降ろしをする人たちの姿を見たことがあるかもしれません。

　でも、空港にはもっといろいろな施設があります。それは、あの大きくて重い飛行機を毎日、安全に飛ばせるように、あらゆる観点からサポートする人たちが働いている施設です。

　たとえば、飛行機の安全な離着陸に無線で指示を与える管制塔や、空港周辺の天気を調べる気象観測所、故障や不具合の見つかった飛行機を修理する整備工場。飛行機は人だけでなく荷物も運んでいるので、貨物倉庫や配送センターもあります。海外からの乗客のための出入国管理や検疫といった手続きを行う場所も空港ならではです。乗客のためのあらゆるサービスを行う航空会社のオフィスビルもあります。そこでは、パイロットや客室乗務員なども含め、多くの職種の人たちが働いているのです。

たとえ職種は違っても、空港で働く人たちに共通しているのは、強い使命感とプライドをもっていることです。彼らが仕事をする姿にみなぎっている緊張感は、たくさんの乗客の命を預かる責任に由来しているのです。

＊　　＊　　＊

　この本では、空港で飛行機に乗るだけでは決して出会うことのない裏方の人たちも含め、空港というしごと場で働くたくさんの人たちの世界を訪ねることになります。空港にはほんとうにたくさんの仕事があり、みんなで協力しながら飛行機の安全な運航を支えていることを知るでしょう。

　最初に小さいころ、みなさんが胸にいだいたであろう空港に対する夢やあこがれについて触れましたが、実は、この本を書くためにお話しを聞いた空港で働いている人たちの多くも、当時はみなさんと同じ気持ちだったと話してくれています。そのときの思いをずっと大切にすることで、将来夢を実現させることは誰もが可能なことなのです。

　みなさんがもしこれから学校のキャリア教育などの一環で、空港見学に行かれることがあったら、どうかそれを思い出してください。

　この本がみなさんの将来の夢を実現する上で、なにかの参考になることを心より願っています。

著者

空港で働く人たち　目次

この本でみなさんに伝えたいこと ……………………………… 3

Chapter 1

空港ってどんな場所だろう？

空港にはこんなにたくさんの仕事があるんだ！ ……………… 10
空港をイラストで見てみよう ……………………………………… 12

Chapter 2

出発の仕事ではどんな人が働いているの？

出発にかかわる仕事をCheck！ ………………………………… 18
出発にかかわる仕事をイラストで見てみよう ………………… 20
働いている人にInterview!①**グランドスタッフ** ……………… 32
働いている人にInterview!②**グランドハンドリングスタッフ** … 38
働いている人にInterview!③**航空整備士** ……………………… 44
　ほかにもこんな仕事があるよ！ ……………………………… 50
　　└**税関職員、保安検査**
　飛行機の構造をチェックしてみよう！ ……………………… 51

Chapter 3

到着の仕事ではどんな人が働いているの?

到着にかかわる仕事をCheck! ・・・・・・・・・・・・・・・・・・・・ 54

到着にかかわる仕事をイラストで見てみよう ・・・・・・・・・・・・・ 56

働いている人にInterview!④**航空管制官** ・・・・・・・・・・・・・・ 68

働いている人にInterview!⑤**グランドハンドリングスタッフ** ・・・ 74

働いている人にInterview!⑥**入国審査官** ・・・・・・・・・・・・・ 80

　ほかにもこんな仕事があるよ! ・・・・・・・・・・・・・・・・・・ 86
　└ 機内清掃スタッフ、給油スタッフ、入国警備官、検疫官

Chapter 4

飛行機の中ではどんな人が働いているの？

飛行機の中の仕事をCheck！ ・・・・・・・・・・・・・・・・・・・・・・・・・・・・　90

飛行機の中をイラストで見てみよう ・・・・・・・・・・・・・・・・・・・　92

働いている人にInterview!⑦ **パイロット** ・・・・・・・・・・・・・・・　102

働いている人にInterview!⑧ **客室乗務員** ・・・・・・・・・・・・・・・　108

働いている人にInterview!⑨ **ケータリング** ・・・・・・・・・・・・・　114

　ほかにもこんな仕事があるよ！ ・・・・・・・・・・・・・・・・・・・・・　120
　└ チーフパーサー、副操縦士

Chapter 5

空港を支えるためにどんな人が働いているの？

空港を支える仕事をCheck！ ・・・・・・・・・・・・・・・・・・・・・・・・ 122

働いている人にInterview!⑩ 航空整備士 ・・・・・・・・・・・・・・・・ 132

働いている人にInterview!⑪ 運航支援 ・・・・・・・・・・・・・・・・・・ 138

働いている人にInterview!⑫ 予約案内 ・・・・・・・・・・・・・・・・・・ 144

　　ほかにもこんな仕事があるよ！ ・・・・・・・・・・・・・・・・・・ 150
　　└ 空港職員、ショップやレストランの店員

この本ができるまで ・・・・・・・・・・・・・・・・・・・・・・・・・・・・・・・・ 152

この本に協力してくれた人たち ・・・・・・・・・・・・・・・・・・・・・・ 153

Chapter 1

空港って どんな場所 だろう？

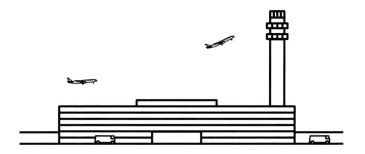

空港には
こんなにたくさんの
仕事があるんだ！

空港で働く人たちってみんなカッコいい！

　きみは空港に行ったことがあるかな？　とにかく広いし、目の前を飛行機がぐーんと飛び立っていく姿に胸を躍らせた人もいることだろう。

　同じ交通機関でも、ふだん利用している鉄道の駅やバスターミナルとはスケールが違う。島国である日本にとって、空港は外国への玄関口だ。海の向こうの遠い世界へ私たちを送り届けてくれる特別な場所なのだ。

　日本の最初の民間空港は、1931年に開港した東京飛行場（現在の羽田空港）だ。その後、全国各地に空港がつくられ、2013年現在、100カ所近い空港が日本にはある。今では誰もが気軽に飛行機を利用するようになって、飛行機の数や利用者も飛躍的に増えている。

　空港ではたくさんの人たちが働いている。なにしろあの巨大な飛行機

を空に飛ばし、安全に運航させるのが使命だから、空港で働く人たちの表情はいつも真剣そのもの。みんなカッコよく見えるのは当然だろう。

空港の中はどうなっている？

　空港の中を一人の乗客になったつもりで順番に見ていこう。
　空港は、たいてい市街地から離れた場所にある。空港ビルには広いロビーがあり、荷物をかかえた乗客が行き来している。これから飛行機に乗る人もいれば、降りてきた人もいる。外国人の姿を見かけることも多い。
　出発ロビーの正面に並んでいるのが、チェックインカウンターだ。ここで乗客は機内に預ける手荷物を渡し、ボーディングパス（座席番号などが記載されている搭乗券）を受け取る。それから、保安検査のゲートに入り、身体検査や機内に持ち込む手荷物のチェックを受ける。
　その先にあるのが、ゲートラウンジと呼ばれる搭乗ゲートや待合席のあるスペースだ。そこにはレストランやショップがあり、出発前の時間を使って乗客が食事をしたり、お土産を買ったりして過ごしている。
　ゲートラウンジは国内線と国際線に分かれていて、海外に行く場合は、保安検査の後に出国審査のカウンターを通る。ここでは日本人も外国人も、日本を出国したというスタンプをパスポートに捺してもらう。国際線のゲートラウンジには免税品（税金を免除される商品）を販売するショップがあるが、法律上そこは日本を出国している場所だからだ。
　ゲートラウンジを歩くと、窓越しにたくさんの飛行機が離発着しているようすが見える。滑走路は長く、すべてを見渡せないくらいの広さだ。
　乗客は搭乗ゲートからボーディングブリッジを通って機内に乗り込めば、あとは飛ぶのを待つだけ。しかし、空港には乗客が立ち入ることのできない特殊なスペースや施設がまだたくさんある。たとえば、管制塔という離着陸する飛行機の交通整理をする高いタワーや、飛行機のメンテナンスを行う整備工場など。空港にはたくさんの重要な施設があり、それぞれのもち場で専門的な仕事に取り組んでいるのだ。

Chapter 1 空港ってどんな場所だろう？

空港をイラストで見てみよう

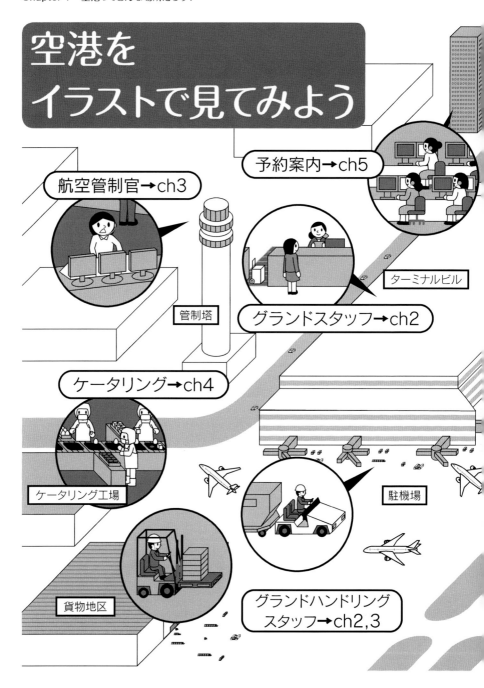

空港の職種を4つに分けると

　この本では、空港で働く人たちの仕事と現場をふたりの中学生の目を通して見ていく。「こんな仕事もあったのか！」と驚くこともあるだろう。
　空港で働く仕事は大きく4つに分けられる。
　まずは飛行機の出発に関する仕事。飛行機を安全かつ定刻通りに飛ばすためには、乗客の搭乗手続きから機内へ送り出すまでを担うグランドスタッフや、貨物を積み込むグランドハンドリングスタッフが不可欠だ。出発前に飛行機に異常がないか点検するのは、ライン整備担当の航空整備士。出発の仕事は時間との勝負。慎重さとスピードが要求される。
　つぎは飛行機の到着に関する仕事。分刻みにつぎつぎと空港に到着する飛行機が衝突しないよう指示を出し、交通整理をするのが航空管制官だ。滑走路に着陸した飛行機を、乗客や荷物を降ろす駐機場まで安全に誘導するのは、グランドハンドリングスタッフ。彼らが乗りこなす専用車には、飛行機を牽引（引っ張る）したり、貨物を搭載したりと、さまざまな特殊装備がついている。海外からの乗客の入国手続きをする入国審査官もいる。どれも専門性の高い職種だ。
　誰でもイメージしやすいのが、飛行機の中の仕事だろう。飛行機を操縦するパイロットや、機内で乗客の安全を守り、サービスをしてくれる客室乗務員。でも、彼らが実際にどんな仕事をしているのか、表には見えない苦労や努力がたくさんあることを知ってほしい。さらには、フライト中のお楽しみである機内食をつくるケータリング工場で働く人たちもいる。この仕事も奥が深い。

安全で快適なフライトのために

　忘れてはいけないのが、飛行機の運航を支える意外な仕事の数々だ。たとえば、パイロットにその日の天候を伝えるのが運航支援者。安全運航には絶対に欠かせない仕事だ。故障した飛行機を修理するための整備

工場で働く整備士も、24時間体制で働いている。飛行機のチケット予約や問い合わせに対する案内を電話で行うスタッフもいる。彼らのうち誰か一人でも欠けたら、空港は機能しない。強い使命感と責任感なくして、空港の仕事は務まらないのだ。

このように空港で働く人たちは皆、それぞれの分野の専門家としての職務やスキルを要求されている。空港では、台風や大雪といった天候にまつわるアクシデントがつきものだが、彼らは日々の現場の仕事を通して、それらの困難を乗り越え、みずからのスキルを高めている。

そんな彼らが仕事に取り組む姿勢をひと言でいえば「お客さまの安全で快適なフライトのために」だ。お客さまの命にかかわる安全の追求はもちろんのことだが、快適なフライトの追求にも終わりがないだろう。空港で働く人たちは、高い理想の実現のために日夜努力している。専門スキルの異なるさまざまな職種の人たちがひとつの目的に向かって連携し、協働しているのが空港というしごと場なのだ。

空港を見に行こう

では、これから空港のしごと場を見に行こう。見学場所は羽田空港（東京国際空港）を舞台にした架空の空港だ。中学生の松本くんと大石さんが、先程4つに分けた職種のみなさんが働く現場を訪ねて、仕事場を案内されたり、質問に答えてもらったり、空港見学を体験している。

1日目が出発に関する仕事。2日目が到着に関する仕事。3日目が飛行機の中の仕事。4日目が空港を支える仕事という順で、ふたりは広い空港のすみずみまで訪ねている。そこで見た思いがけない光景や彼らが経験したできごとについては、以降のチャプターを読んでほしい。

また、12名の現役の空港にかかわる方々に、仕事についてのインタビューを行った。仕事のやりがいやおもしろさ、大変さなどを語ってくださっている。それらの言葉を通して、仕事に対する熱い思いや使命感、スタッフ同士の横のつながりや連携の重要さをぜひ感じ取ってほしい。

Chapter 2

出発の仕事では どんな人が 働いているの?

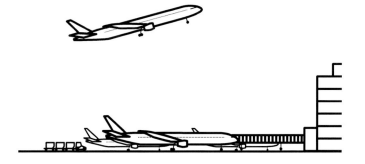

出発に かかわる仕事を

空港見学の初日は、
出発にかかわる仕事の現場だ。
飛行機を安全に
定刻通りに飛ばすため、
毎日がんばっている人たちを
訪ねてみよう。

　空港に4日間かけてしごと場見学に行くことになった中学生の松本くんと大石さん。初日に訪ねるのは、飛行機の出発にかかわる仕事をしている人たちだ。午前10時、空港ターミナルビルに到着したふたりがエスカレーターで出発ロビーに上がると、チェックインカウンターの中から制服を着た一人の女性がにこやかに近づいてきた。

空港の出迎えはグランドスタッフ

 松本くん「こんにちは。ぼくたち、空港見学に来た中学生です」
 グランドスタッフ「ようこそいらっしゃいました。途中迷いませんでしたか。空港に来るのははじめてですか？」
 大石さん「家族で沖縄に出かけたとき利用しました」

松本くん「小さいころ、何度か飛行機に乗りましたが、中学生になってからははじめてです。空港ってこんなに広かったんですね！」

大石さん「ところで、出発ロビーには制服姿の女性がたくさん働いていますが、客室乗務員とは違うのですか？」

グランドスタッフ「はい。私たちはグランドスタッフと呼ばれています。**お客さまを空港でお出迎えし、チケットを販売したり、搭乗手続きや手荷物のお預かりなどをする仕事**です」

大石さん「カウンターの中で接客している人もいれば、外でお客さまを案内している人もいますね。どちらもそうですか？」

グランドスタッフ「そうです。すでにチケットの購入をすませたお客さまは自動チェックイン機で搭乗手続きができるのですが、操作方法がわからない方もいますので、そばでお手伝いすることもあります」

松本くん「先程チケットを販売すると言っていましたが、空港に来てその場で買って飛行機に乗ることもできるんですか？」

グランドスタッフ「ええ、予約している方がほとんどですが、当日購入される方もいます。たとえば、高齢者の方でしたら当日空席があれば割安で飛行機を利用できるサービスもあり、その場合は空港に来て直接チケットを購入されるんです」

Chapter 2 出発の仕事ではどんな人が働いているの？

出発にかかわる仕事をイラストで見てみよう

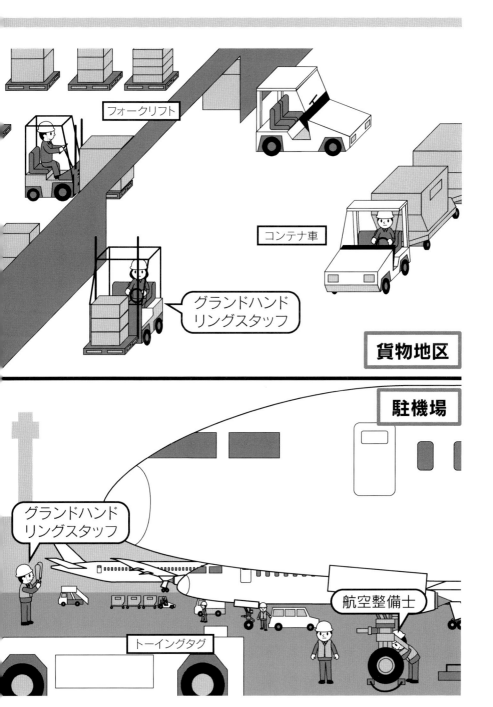

大石さん「それ、知っています。祖父が上京してくるとき、使うことがあると話していました」
松本くん「友だちが学生向けの割引運賃があると言ってたけど……」
グランドスタッフ「はい、満12歳以上22歳未満の方向けの運賃もありますよ。これも当日空席がある場合のみ利用できます」
松本くん「そうですか。ぼくも今度使ってみようかな」

搭乗ゲートの改札も

大石さん「グランドスタッフは、チェックインカウンターの周辺だけで働くんですか？ 私が家族旅行に行ったときは、同じような制服の女性が、飛行機に乗り込む搭乗ゲートにもいたんですけど……」
グランドスタッフ「よく気がつきましたね。空港によっても違いますが、基本的に私たちの仕事は、**お客さまが空港にいらっしゃってから、機内に搭乗されるまでの一連のサポートをすること**です。搭乗手続きと機内に預ける手荷物の手続きをすませたお客さまは、身体検査と手荷物検査のための保安検査場に入っていただきます。その先の搭乗ゲートでお客さまを改札機にご案内し、お見送りするまでが仕事になります」

 **ここが大切!**

空港の仕事はシフト勤務

　日本には全国で100ヵ所近い空港があるが、主要な空港の多くが朝早くから夜遅くまで、長時間にわたって運用されている。なかには、24時間休みなく、飛行機が離発着している空港もある。しかし、だからといって空港で働く人たちが、長時間の勤務をしているというわけではない。シフト制の勤務により、交替で各々の職務を果たしているのだ。
　羽田空港で働くグランドスタッフの例を紹介すると、早番から遅番まで複数のシフトがあり、交替で空港を利用するお客さまのサポートにたずさわる。ひと口に早番といっても、30分刻みで出勤時間があり、飛行機の離発着が集中する時間帯にはスタッフの層を厚くするなど、さまざまな工夫がなされている。

松本くん「搭乗時間が迫って、慌てて空港に来る人もいますよね？」
グランドスタッフ「搭乗手続きの締め切りや、保安検査場の通過締め切りは出発時刻の15分前なのですが、間際になってお客さまがいらした場合、**搭乗ゲートのスタッフと無線で連携をとり**、時間が少ない中でも正確かつスピーディーにお手続きを行い、安全にお客さまを搭乗ゲートまでご案内しています」

Chapter 2　出発の仕事ではどんな人が働いているの?

松本くん「最終的に飛行機の扉はどのように閉めるのですか?」
グランドスタッフ「グランドスタッフと客室乗務員が引き継ぎ事項を相互に最終確認した後、ドアを閉めます。お客さま全員を乗せてドアを閉める瞬間は、とても緊張します」
大石さん「そういえば、この前、車椅子を押しておばあさんを搭乗ゲートへ案内している空港のスタッフを見ました」
グランドスタッフ「それも私たちです。予約のさいに申告していただき、事前に車椅子を利用されることがわかっているお客さまもいれば、空港に来てから車椅子の利用を希望されるお客さまもいます。そのときは車椅子をご用意して、グランドスタッフが機内までご案内することがあります」
松本くん「いろいろなタイプのお客さまがいるから大変ですね」
グランドスタッフ「そうですね。**ビジネスマンの方や小さなお子さま連れのご家族、ご年配の方など、一人ひとりのお客さまに合わせたご案内の内容になるよう、工夫して対応しています。**」
大石さん「グランドスタッフは、空港を利用するお客さまに関するサービスのすべてを扱うのですね。しかも、常に時間を意識しながら仕事をしているところが、すごいなあと思いました」

機内に貨物を搭載する

　グランドスタッフのインタビューを終えたふたりは、空港の案内係が運転する車に乗せられて大きな貨物倉庫の前にやってきた。車を降りると、倉庫からヘルメットと作業着姿の女性がこちらに歩いてきた。

松本くん「ここは飛行機に貨物を積み込むしごと場と聞いたのですが、女性の方も働いていらっしゃるんですか?」

グランドハンドリングスタッフ(以下グランドハンドリング)「ここは空港内にある物流センターのような場所で、貨物地区にある貨物上屋になります。**グランドハンドリングスタッフ**が働いており、私以外にも女性はいますよ」

松本くん「どんな仕事をしているのですか?」

グランドハンドリング「飛行機にはお客さまだけでなく、お客さまから預かった貨物も載せて運んでいます。貨物の場合、**行き先別に荷物を仕分けして搭載する準備をしたり、飛行機で届いた荷物を物流会社に渡したりする仕事があります**」

大石さん「貨物の中身にはどんなものがあるのですか?」

グランドハンドリング「冷凍肉や果物といった食材、衣料品、機材など、

グランドハンドリングスタッフの仕事

いろいろですね。イベントで使う機材など、ふだん取り扱(あつか)うことが少ないものを運ぶときは、より緊張感をもって作業します。動物を運ぶこともあるんですよ。檻(おり)に入れて外から見えないように梱包(こんぽう)されています」
大石さん「へえー、**飛行機は人以外の生き物も乗せている**んですね」
グランドハンドリング「飛行機には旅客機と貨物専用機がありますが、どちらにも貨物を搭載(とうさい)します。私の仕事は、貨物を直接飛行機の貨物室に搭載する仕事ではなく、運送会社や物流会社から空港に届いたさまざまな荷物を行き先別に仕分け、コンテナにまとめて、機内に搭載(とうさい)しやすいようにバランスよく整理すること。組みつけと呼んでいます」
松本くん「そうした作業をフォークリフトでやるんですね」
グランドハンドリング「そうです。ちょっと運転してみましょうか」

ていねいかつスピーディーに

彼女(かのじょ)はフォークリフトに乗(の)り込(こ)み、運転を始めた。車両の前のフォークを貨物の下に差(さ)し込(こ)んで持ち上げると、所定の場所に移動してみせた。
大石さん「カッコいいですね。運転のどこが難しいですか?」
グランドハンドリング「難しいのは運転というより、フォークリフトで

貨物として動物が載ることも

コラム　マイレージって何？

　みなさんは飛行機で旅行をしたときに、「マイレージ」や「マイル」という言葉を聞いたことはないだろうか。一般的にマイレージサービスと呼ばれているが、これは航空会社が行っているお客さまへのポイントサービスのこと。コンビニエンスストアやスーパーマーケットでは、買い物をするとポイントが貯まるが、マイレージでは飛行機で飛んだ距離（マイル）に応じてマイルが貯まる。ショッピングなどでも貯めることができる。1981年にアメリカン航空が始め、日本でも1980年代からサービスが開始されている。

　貯まったマイルは、無料の航空券（特典航空券）や座席のアップグレードとして使うことができたり、航空会社によっては、ホテルの宿泊券や旅行のクーポン券、電子マネーなどと交換したりすることができる。

荷物を扱う作業です。フォークの上に置いた1枚の板の上に荷物を載せて移動させるのが基本的な作業**ですが、荷物が壊れたり、荷崩れしたりしないように、安全にていねいに扱わなければなりません」

松本くん「最初はずいぶん練習したんですか？」
グランドハンドリング「ええ、入社したばかりのころは、教官についてフォークリフトの操作を毎日のように訓練しました。コンテナや箱詰め

された荷物だけならいいのですが、形や大きさの違う荷物もあり、簡単ではありません。**コンテナに荷物を詰める場合も、上空で荷崩れしないよう左右前後の重さのバランスを考える必要があります」**

松本くん「飛行機の出発時刻に遅れないように搭載しなければならないのでしょうから、荷物が多い日は忙しいですね」

グランドハンドリング「ていねいかつスピーディーな作業が必要です。それぞれの荷物をどの飛行機に載せるかという細かい指示が書いてある搭載計画書があって、それを見ながら便ごとに荷物を整理します」

大石さん「女性が活躍している姿を見ると、あこがれちゃいます」

グランドハンドリング「私たちの仕事は、一日中フォークリフトに乗って力仕事をしているように見えますが、国際貨物に関する知識や英語力、数学も必要です。私も中学生のころから空港で働くことにあこがれていましたが、客室乗務員やグランドスタッフではなく、飛行機になるべく近い場所で働きたいと思っていました。ぜひチャレンジしてください」

出発前の飛行機を点検する

つぎの場所は空港ビル内の広いオフィス。作業着姿の人たちが忙しそ

> **コラム　空港にあるこんな施設&サービス**
>
> 　空の旅の玄関口である空港には、さまざまなサービスや施設がある。日本最大の空港・羽田空港（東京国際空港）を例に紹介してみよう。
> 　まず、飛行機好きに欠かせないのが展望デッキだ。目の前に滑走路があって、飛行機が離着陸したり滑走路に向かうようすが見られる。飛行機を眺めながら食事を楽しめるレストランもある。また、体の調子が悪くなったときのために、医療施設やドラッグストアも完備。ビジネスマンには欠かせないホテルもあって、宿泊以外でも乗り継ぎの時間に利用することもできる。意外なところでは、結婚披露宴やパーティーなどができる多目的ホール。飛行機をバックにしたエアポートウェディングが人気だ。また、高齢者や身体の不自由な人の手助けのための介助スタッフがおり、子ども向けのキッズコーナーや授乳室、保育園までもある。

うに働いている。窓の外は、たくさんの飛行機が並ぶ駐機場だ。

航空整備士「ここにいる人たちの仕事は何だと思いますか」

松本くん「ヘルメットを持って、作業着を着ていますね」

航空整備士「私たちは**航空整備士**で、ここではライン整備を担当します。**到着した飛行機がつぎに飛び立つまでのあいだに、不具合や故障がないかを点検するのが仕事**です」

松本くん「具体的にはどんなことをするんですか？」
航空整備士「まずは目視による点検です。飛行機のまわりを歩いて傷や凹みがないか探します。つぎにタイヤの点検です。それからコックピット内に入り、パイロットや客室乗務員から機内で異常はなかったかを確認し、計器の故障や燃料などについてチェックします」
松本くん「飛行機に鳥がぶつかることがあると聞いたことがあります」
航空整備士「バードストライクといって、飛行機が離発着するとき、鳥が機体にぶつかることがよくあるんです。エンジン故障につながる場合もあるので、その飛行機は飛ばせません」
大石さん「鳥もかわいそうですが、エンジン故障はこわいですね」
松本くん「点検はどのくらいの時間をかけて行うんですか？」
航空整備士「便にもよりますが、一般に**国内線の場合、到着してから飛び立つまでの時間は 40 分くらい**です」
大石さん「そんなに短い時間で、すませなければならないんですね！」

飛ばすかどうかを判断する

松本くん「一日何機くらい点検するのですか？」

航空整備士「5、6機ですかね。ふだんはこの事務所に待機して、自分の担当する飛行機が到着する時刻の少し前に車で駐機場に行きます」
大石さん「夜勤もあるんですか？」
航空整備士「この空港は24時間運用なので、当然ありますよ」
松本くん「もし故障が見つかったらどうするんですか？」
航空整備士「もちろん、その飛行機は飛ばせません。タイヤのパンクや重大な故障個所が見つかったら、整備工場に送って修理してもらいます。**難しいのは、見つけた不具合が飛行に支障があるかどうか微妙な場合。私の判断ひとつで飛行機を取り替えることになる。**その結果、出発が遅れてしまい、お客さまにご迷惑をおかけしてしまうからです」
松本くん「でも、やっぱり安全が第一ですよね」
航空整備士「飛行機を飛ばすかどうかは機体の不具合だけでなく、天候などさまざまな条件で決めますが、**私たちの判断は責任重大なのです**」
松本くん「わずかな時間で決めなきゃならないってプレッシャーですね」
航空整備士「だから、決められた時間で不具合を見つけ出し、それを直しきって、定刻通り飛行機が飛んでいくとやりがいを感じます」
大石さん「どの飛行機も出発前には、整備士の方が一生懸命点検していると思うと頼もしいです！」

Chapter 2　出発の仕事ではどんな人が働いているの？

働いている人に Interview! ①

グランドスタッフ

空港のカウンターを中心に、
出発から到着（とうちゃく）まで
お客さまへのサービスを担当する仕事。

古矢恵梨（ふるやえり）さん

2009年全日本空輸株式会社（ぜんにっぽんくうゆかぶしきがいしゃ）（ANA）入社。大学は商学部出身で、マーケティングや金融（きんゆう）を学ぶ。小さなころから空港が好きで、将来こんな場所で働けたら、と思ったのが志望のきっかけ。「一日何百人というお客さまに接するこの仕事は、人と話すことが大好きな人に向いていると思います」

Interview!

グランドスタッフってどんな仕事？

空港を利用されるお客さまの搭乗手続きや荷物の預かり、搭乗ゲートから飛行機への搭乗をスムーズにサポートするのが主な仕事。お客さまの目的に合わせた適切な応対が必要。客室乗務員やグランドハンドリングスタッフとの連携は欠かせない。車椅子を利用されるお客さまの移動をお手伝いすることも大切だ。

チェックインから搭乗、そして到着してからをサポート

　お客さまが空港にいらっしゃってから、機内に搭乗されるまでのサポートをするのが、グランドスタッフの主な仕事です。大きく分けると、お客さまが手荷物検査のために保安検査場へ入る前までの「フロント業務」と、保安検査場を通過後に搭乗ゲートで行う「ゲート業務」です。「フロント業務」では、カウンターにて航空券の発券や搭乗手続き、機内に持ち込めないキャリーバッグなどの手荷物のお預かりをします。また、ロビー内では、自動チェックイン機の操作に戸惑っているお客さまにご案内をしたり、出発時刻が迫ったお客さまに対して、保安検査の締め切りの時刻をお知らせしたりすることもあります。

　eチケット（電子航空券）であれば、自動チェックイン機を使ってお客さま自身でも搭乗手続きができますが、機器の操作方法がわからない方も多いので、お手伝いをします。また、搭乗手続きは15分前が締め切りなので、搭乗口の担当者と無線で連携を取って、ぎりぎりに空港へ到着される方が乗り遅れないようにご案内することもあります。
「ゲート業務」では、飛行機の定時出発を実現するために、一人ひとりのお客さまの確実な改札機通過を見届けます。1便の出発のために、基本的に3名のグランドスタッフが搭乗口を担当します。改札機にて、お客さまに搭乗券をお渡しする担当の2名と、搭乗前のアナウンスをしたり、お客さまのお呼び出しをしたりする「ゲートリーダー」が1名です。

グランドスタッフの勤務はシフト制です。私は羽田空港で国内線を担当していますが、朝は6時台から出発する飛行機があり、夜も深夜近くまで到着便があります。そのため、早番や遅番を組み合わせて働いています。一年のうち忙しい時期は、多くのお客さまが旅行にお出かけになる年末年始やゴールデンウィーク、夏休みですね。

出発直前がもっとも緊張するシーン

グランドスタッフの仕事は、空港で働く多くのスタッフとの連携で成り立っています。なかでも、出発直前の一刻を争う場面では、ゲート業務における客室乗務員（→ 108 ページ）との連携はとても重要です。

最後のお客さまが改札機を通過されたあと、その便の旅客数や、車椅子を利用されるお客さま情報など、機内に引き継ぐべき情報を出力し、急いで客室乗務員に渡します。そのあと、無線でグランドハンドリングスタッフ（→ 74 ページ）に連絡を取り、お客さまからお預かりした手荷物の搭載が完了しているか、個数が合っているかを確認。そして最後に、飛行機のドアを閉めるスタッフに「クローズしてください」と依頼

始業のブリーフィングでは、今日のスケジュールを確認します

Interview!

します。搭乗予定のお客さまが一人でも欠けているとドアを閉められないので、とても神経を遣う場面です。

飛行機の大きさにもよりますが、一連のゲート業務を20分ほどで行います。大変なのは、出発間際に、搭乗人数や手荷物の搭載数に変更があった場合。手荷物はすでに飛行機に搭載されているのに、その手荷物を預けられたお客さまが出発時刻に間に合わなかった場合、手荷物を急いで降ろさなければなりません。

また、入社して間もないころ、こんなことがありました。間もなく出発する便でのゲート業務中に、突然機内にいる客室乗務員から「お客さまがラウンジに杖を忘れてしまわれ

グランドスタッフのある1日

5時00分	出勤。制服に着替えて、ブリーフィングの準備など。
5時30分	早番スタッフ全員で始業ブリーフィング。当日最初に担当する飛行機の予約率や行き先方面の天候などをチェックする。
5時40分	保安検査場の担当。出発時刻が迫ったお客さまに乗り遅れがないよう案内する。
9時00分	ロビーサービス担当。カウンターの外で自動チェックイン機の使い方を説明するなど、お客さまの質問に対応する。
10時30分	休憩。昼食。
11時30分	カウンター業務。当日の航空券の発券とチェックイン業務。
14時30分	入金したお金のチェックとつぎの担当者との引き継ぎ。
14時50分	終業ブリーフィング。今日の反省点や業務内容の報告をする。
15時00分	勤務終了。退社。

※羽田空港は24時間運用のため交替制のシフト勤務。

自動チェックイン機で

た」という連絡が入りました。急いでラウンジに探しに行き、直接機内まで走ってお客さまにお渡ししました。そこには、高齢のご夫婦が並んで座っていらして、「これがなかったらほんとうに困るところだった」と何度もお礼を言われたことを、今でも覚えています。新入社員にできる仕事が限られていたなかで、お客さまにお喜びいただけたことが、すごくうれしかったです。お客さまに「ありがとう」と言われると、この仕事をしていてほんとうによかったと思います。

さまざまな資格取得でステップアップ

このような日々の仕事を通じて、現場のスキルを身につけながら、グランドスタッフはさまざまな社内資格を取得し、ステップアップします。

入社してはじめの1カ月ほどは、飛行機や空港に関する専門知識の講習や、接客の仕方などの指導を受けます。たとえば、「羽田空港ならHND」など、空港にはスリーレターという3文字のアルファベットの呼び名があります。これを日本全国にある空港の数だけ覚えなければなりません。また、マイレージサービスというお客さまへのポイントサ

お客さまに搭乗口をご案内

Interview!

ービスの細かいルールも把握する必要があります。そうした知識を身につけてから、先輩とともに実際のカウンターの仕事を覚えていきます。

　一人立ちすると、まずは搭乗時の現場責任者になる「ゲートリーダー」の資格を取ります。つぎに、ANAをいつもご利用いただいている会員専用のカウンターを担当できる資格を取得します。どの航空会社でも会員のお客さまと一般のお客さまとは別のサービスカウンターにて、お手続きをしています。会員のお客さまは、飛行機に乗りなれている上に、ほかの空港の事情や航空会社のサービスに関する知識も豊富です。私の知らないことを質問されることも多く、とても勉強になります。

　この仕事の難しさは、お客さまにはいろいろな方がいらして、同じ対応をしても喜んでいただけるとは限らないこと。たとえば、搭乗口のご案内をする場合、はじめて空港を利用される方には、地図を見せながら一から説明しますが、ビジネスマンのようなお忙しい方には、いかにスピーディーにご案内できるかが求められます。その違いを瞬時に判断して応対しなければならない。それには日々の経験の積み重ねが大切です。

　すべてのお客さまに、快適に空港をご利用いただけるよう、これからもサポートをしていきたいと思います。

グランドスタッフになるには

どんな学校に行けばいいの？

　グランドスタッフは、毎日たくさんのお客さまと接する仕事で、空港の顔といえる。学生時代にこれを勉強しておかなければならないという特別な科目はないが、国際線担当だけでなく、最近では国内線でも海外からのお客さまが増えているので、英語力は必須。エアライン専門学校などで接客や専門知識を学んだ人もいる。

どんなところで働くの？

　出社から退社まで、基本的に空港の表玄関に当たるチェックインカウンターや、手荷物検査を行う保安検査場付近、搭乗ゲートで、交替で働くことになる。スタッフとのブリーフィングは、空港ビル内の専用打ち合わせスペースで行う。

Chapter 2　出発の仕事ではどんな人が働いているの？

働いている人に Interview! ②
グランドハンドリングスタッフ

飛行機に載せる貨物を
荷崩れしないようバランスよく
組みつける仕事。

白岩希望（しらいわのぞみ）さん

2010年ＡＮＡエアポートハンドリング株式会社入社。航空専門学校でグランドハンドリングを学ぶ。飛行機に触りたい、そばで働きたいという思いから、グランドハンドリングの仕事を選んだ。「空港でコンテナを6台くらい連ねて走るトーイングトラクターを見て、私も運転したいと思ったんです」

Interview!

> ### グランドハンドリングスタッフ（貨物サービス）ってどんな仕事？
>
> グランドハンドリング（貨物サービス）は、飛行機で運ぶ貨物を積み込みやすいように組みつけたり、届いた貨物を仕分け、物流会社や運送会社に引き渡したりする仕事だ。フォークリフトなどの特殊車両を操り、荷物が壊れたり、荷崩れしたりしないように、スピーディーかつていねいに作業する慎重さが求められる。

飛行機に載せる荷物を組みつける

　飛行機が運んでいるのは人だけではありません。お客さまの手荷物もそうですが、毎日たくさんの航空貨物が世界に向かって飛んでいます。

　私は国際線の貨物運送サービスの仕事をしています。グランドハンドリングのランプサービス（→74ページ）のように、お客さまの手荷物やコンテナを機内のカーゴルームに直接載せる仕事ではなく、その前段階で、空港に届いた荷物をフォークリフトに乗って行き先別にバランスよく並べる「組みつけ」の仕事を担当しています。

　国際貨物には大きく２つあって、運送会社が集荷した貨物と個人のお客さまからお預かりする荷物があります。それぞれの荷物をどの飛行機に載せるかという細かい指示が書いてある搭載計画書に従って、便ごとにコンテナに収めていきます。それが「組みつけ」です。

　飛行機が安全に飛ぶためには、貨物の重量バランスが大事です。飛行機は機種ごとに重量や高さの制限がありますし、飛行機の左右前後のバランスが崩れないように、カーゴルームのどの場所に荷物を置くかということも考えなければなりません。上空で荷崩れすると大変なことになるので、積み方も慎重に考えています。

　すべての荷物がコンテナだと楽なのですが、個別の荷物も多いので、その場合は、ビルドアップといって１枚の板の上に荷物をフォークリフトで積んでいきます。常にスピーディーな作業が求められていますが、ひとつのコンテナの組みつけには約15分、ビルドアップには20〜30

分かかります。荷崩れしないように、あとでネットやベルトをかけます。

便ごとに貨物をまとめる作業が終わり、計量をすませたら、飛行機の出発する駐機場までトーイングトラクターでコンテナを牽引し、運びます。ここまでが送り出しの流れです。

飛行機から降ろされた貨物を振り分けて、組みつけ直すのも仕事です。そのまま貨物を運送会社に渡すだけの場合もありますが、ひとつのコンテナの中には、さまざまな行き先の荷物がいっしょに入っていることもあるので、コンテナを解体して中の荷物を振り分けて、組みつけ直します。荷物によっては、海外から羽田を経由して再び海外に送り出すこともあります。

動物やコンサート機材を運ぶことも

荷物の中身はさまざまです。たとえば、中国からはよく洋服が届きます。箱にブランド名が書いてあるので、すぐわかります。アメリカから輸入されるサクランボは、いい匂いがします。たまに動物を運ぶこともあるのですが、包み込まれているので中は見えません。

フォークリフトの操作もお手のもの

Interview!

ほかにも、一台何億円もするような精密機械を運ぶときもあります。最近、ある歌手のコンサート機材を運んだのですが、音響や舞台装置など、さまざまな機材が多くて神経を遣いました。すべてキャスターつきでしたので、固定させるのが難しかったです。こうした特殊な貨物をダメージなくきちんと組みつけできたとき、やりがいを感じますね。

この仕事は、一つひとつ資格を取りながら、仕事の幅を広げていくことになります。たとえば、フォークリフトに乗る資格や機種ごとの組みつけ責任者としての資格、貨物専用機の資格など、いろいろです。

入社したてのころ、教官について

グランドハンドリングスタッフ(貨物サービス)のある1日

14時30分	出勤。勤務開始前の準備をする。
15時30分	始業ブリーフィング。早番から業務の引き継ぎ。1日の担当便や搭載計画書を確認する。
16時00分	休憩。食事。
17時00分	受託外航便の貨物の組みつけを担当。箱だけでなく、いびつな形の荷物もあり、荷崩れしないような積み方を心がける。
20時00分	ANA便の貨物の組みつけを担当。コンテナに荷物を組みつける。荷物に傷がつかないようバランスよく配置して収める。コンテナに入りきらないものは、板の上に荷物を組み合わせて載せる。
24時00分	同じシフトのスタッフと終業ブリーフィング。当日の業務の反省点や報告など。
24時30分	勤務終了。退社。

※羽田空港は24時間運用のため交替制のシフト勤務。

トーイングトラクターでコンテナを運びます

フォークリフトの運転を訓練しました。荷物を持ち上げるというのが操縦の基本ですが、さまざまな大きさや形をした荷物があり、いかにていねいに傷をつけないように組みつけられるかが、最初のうちは難しかったです。フォークリフトは用途別に車種が違いますが、今ではすべての車両を運転できます。

現場には、私以外にもう一人女性のスタッフがいます。女性も男性に負けずに活躍できる職場ですよ。年に1回、全国の空港で働く貨物サービスのスタッフが集まるフォークリフトの競技会があるのですが、先日、そこで入賞しました！ とてもうれしかったですね。

物流会社や運送会社との連携

私の仕事では、便ごとの荷物を組みつけるための搭載計画書をつくってくれるグループ会社や物流・運送会社との連携が、とても大切です。その計画書に沿って組みつけをするのですが、荷物を積み間違えると大変なので、注意が必要。また、航空貨物の輸入や輸出は、通関といって貨物の品名や種類、数量、価格などを税関に申告しなければなりません。

ハイリフトローダーでコンテナが機内に搭載されます

その手続きは、通関士という専門の方がやってくださいます。
　ランプサービスのスタッフとの貨物の受け渡しも日常業務です。私はANAグループの会社で働いていますが、受託外航といって、ANA以外の航空会社の組みつけをやることがあります。この場合、組みつけや搭載のやり方は会社によってルールが違うので、ランプサービスの担当者と電話で打ち合わせをしながら、やりとりします。自社の場合と違って、外航便の仕事はさらに緊張します。
　私は入社3年目ですが、便の組みつけ責任者の資格を取得したところです。その上にはまだ資格があるので、もっと一人前になるためにがんばりたいです。今は国際貨物を担当していますが、国内貨物の仕事も経験したいと思っていますし、ランプサービスの仕事にも興味があります。グランドハンドリングの仕事をひと通り身につけたいですね。
　一日中フォークリフトに乗って力仕事をしているように見えるかもしれませんが、国際貨物は勉強することも多いんですよ。数学ももちろんそうだし、英語力も必要です。あこがれて入った仕事ですが、覚えなければならない知識やスキルも多く、一つひとつ目標を立てながら、いろいろな可能性を追いかけていきたいと思っています。

グランドハンドリングスタッフ（貨物サービス）になるには

どんな学校に行けばいいの？
　グランドハンドリングの専門会社への就職をめざすことになる。採用に当たって事前に特別な資格は必要ないが、グランドハンドリングの業務知識を学べる専門学校などで勉強しておくと有利だ。入社後は貨物サービス以外の部署に異動することも多く、仕事の種類は広い。

どんなところで働くの？
　グランドハンドリング（貨物サービス）は、基本的には「上屋」と呼ばれる空港内の貨物取扱場の巨大な倉庫で、貨物の組みつけをすることが多い。倉庫のとなりに物流会社や運送会社からの荷物の集配場がある。飛行機が駐機しているランプに貨物を運ぶこともある。

働いている人に Interview! ③

航空整備士

飛行機が空港に到着するたびに、
機体や装備に不具合がないか点検し、
安全につぎのフライトへ送り出す仕事。

山本 剛さん
（やまもと ごう）

2004年ANA入社。大学院で造船の設計を研究。子どものころは飛行機好きで、パイロットにあこがれていた。航空会社の採用に整備の仕事があることを知り、志望する。「整備の仕事は、毎日変化があって飽きることがない。限られた時間の中で、最後までやり通す力が大切です」

Interview!

> ### ▶ 航空整備士（ライン整備）ってどんな仕事？ ◀
>
> 飛行機が空港に到着したあと、つぎのフライトまでのわずかな時間で、機体や装備を点検・整備する仕事。もし不具合があれば、その場で修理するか、場合によっては運航を止める判断をしなければならない。そのさい、乗員やグランドスタッフと連携をとり、お客さまに情報提供することが求められる。

到着から出発までのわずかな時間で行う整備

　飛行機が安全に運航するためには、毎日の整備が欠かせません。整備の仕事はライン整備とドック整備（→ 132 ページ）に分かれます。ライン整備は、空港で飛行機が到着するたびに、つぎの出発までの時間を使って不具合がないか機体を点検し、必要に応じて修理して安全を確認して送り出す仕事。ドック整備は、車でいうと車検のように、定期的に飛行機を整備場に入れて時間をかけて点検したり、故障した部品を取り換えたりする仕事です。私はライン整備の部署に所属しています。国内線の場合、空港に飛行機が到着してからつぎに飛んでいくまでの時間は40分ほど。そのわずかな時間に、安全に送り出せる状態であることを見極めなければならないのですから、集中力が必要な仕事なんですよ。

　羽田空港のように一日にたくさんの飛行機が発着する空港では、整備士は一人で一日 5、6 機を点検します。まずは、機体の外観を目で見て点検。飛行機のまわりを歩いて、傷や凹みなどがないか、見える範囲でチェックしていきます。

　飛行機は上空でいろいろなものにぶつかるんです。いちばん多いのは鳥。バードストライクといいます。エンジンの中に吸い込まれてしまうと、エンジンが故障したり、速度計が破損することもあります。バードストライクは離陸や着陸など低空を飛んでいるときに起こりやすいので、パイロットが気付くことが多いですが、滑走中に石をはね上げ機体を傷つけてしまうと気が付きにくい場合があります。ライトニングといって、

上空で雷を受けることもあります。その結果、翼の端が一部溶けたり、小さい穴が機体に開いてしまったりする。基本的に小さな損傷は飛行に問題はないのですが、損傷が大きい場合は、機体を変更しなければなりません。

また、よくあるのがタイヤ交換です。あれだけ重い機体を支えているのですから、タイヤがすり減るんです。飛行機の大きさによってタイヤの数は違います。2階建て飛行機では、全部で18本もあるんですよ。これらを一つひとつ点検していきます。ブレーキのチェックも大切です。

それから、キャビン（客室）内で何か異変はなかったかなどを乗員に聞き、コックピット内に入って計器などを点検、交換が必要かどうかを見極めます。最後に、つぎに飛ぶための燃料が適切に積まれているかを確認。必要であれば給油のスタッフに補給するよう伝えます。

問題があれば運航を止める勇気も

ふだんは空港ビルにある整備事務所で待機していて、担当する飛行機が到着すると車で機体のある場所に向かいます。飛行機が地上にいるわ

今日の勤務をチェック

Interview!

ずかな時間で仕事をすませなければなりませんから、正確な到着時間を知ることは重要です。機体と地上のデータ通信によって到着時間などの情報を確認し、時間のロスなく点検を始められるよう心がけています。

点検が終わると事務所に戻り、つぎの飛行機の到着まで待機します。毎回、誰がどういう点検をしたか、取り換えた部品があればそれは何かといったことを記録し、データベース化して管理しています。基本的に、毎日その作業のくり返しです。合間に休憩を取りますが、発着数が多い時間帯には、休憩を取る暇もなく出かけていくことになります。

羽田は24時間運用されている空

航空整備士（ライン整備）のある1日

7時30分	出勤。ミーティングルームで始業ブリーフィング。その後、整備事務所に向かい、夜勤のスタッフからの伝達事項などを確認。
8時00分	最初の担当便の機体の状態をデータベースでチェックする。
9時00分	最初の担当便到着。車であらかじめ到着場所に行き、スタンバイしておく。飛行機が止まったらすぐ外観の目視からスタート。以後、コックピットに入り、マニュアルに定められた点検項目を一つひとつ確認していく。
10時30分	2回目の到着便の点検。事後、点検内容を記録する。
11時30分	休憩。昼食。
13時00分	3回目の到着便の点検。以降、休憩を挟みながら、3機の到着便を点検。
20時20分	勤務終了。退社。

※羽田空港は24時間運用のため交替制のシフト勤務。

装備をたずさえて担当機へ出発！

港なので、昼間の勤務と夜の勤務があるのですが、仕事の内容はだいぶ違います。夜勤の場合、昼間発生した不具合で直しきれなかった個所を、時間をかけて直すことが中心です。また、無線関係の機器のように、法令で使用期間が決められているものがあれば、交換を行います。タイヤのすり減り具合が気になる場合も、昼間はその場で交換する時間がないため、飛行に影響を与えないと判断された範囲で作業をもち越して、夜間に取り換えます。

ライン整備の仕事でいちばん難しいのが、点検の結果、不具合が見つかったとき、その飛行機をそのまま飛ばしていいのか、即座に判断しなければならないことです。もし飛ばさなかった場合、お客さまにご迷惑をおかけすることになります。でも、安全運航が第一なので、問題があると判断したら、運航を止める勇気が必要です。

そうした判断が可能となるのも、空港で働くさまざまなスタッフとの連携があってこそ。パイロット（→102ページ）や客室乗務員、グランドスタッフなどときちんとコミュニケーションをとるよう心がけています。遅れるにしても、整備が必要とされる時間はどのくらいかかるのか、お客さまにしっかりした情報を提供しなければならないからです。

飛行機の安全なフライトを支えます

Interview!

夢の飛行機を設計したい

　ライン整備に必要な専門的なスキルには、「ジェネラルメカニック」、「構造整備」、「電装整備」と呼ばれる3つがあります。そのうち私は電装整備が専門で、現在は主に、機内の電気・電子関連の装備に不具合が見つかった場合の修理を担当しています。

　連絡は点検を担当している整備士からだけではなく、飛行中に乗員から無線で報告されることもあります。たとえば、無線の調子が悪いといったこともそう。まずどんな手当てをしなければならないかを考え、交換が必要な場合は部品を手配し、作業手順書を準備して現場に出かけます。限られた時間の中で不具合を直しきって、定時に飛行機が出ていったときは、とても充実感がありますね。

　電装整備にはB767、B777など機種ごとの社内資格があり、さらに国家資格を取る必要があります。技術の進歩は早いので、勉強に終わりはありません。近い目標としては、最近導入されたB787の資格を取ることですが、いつの日か、長時間乗ってもストレスを感じることのないような夢の飛行機の設計にたずさわってみたいと思っているんです。

航空整備士（ライン整備）になるには

どんな学校に行けばいいの？

　航空整備士（ライン整備）になるには国家資格の取得が必要だ。工業高校や航空専門学校、理工系大学などの卒業者がほとんど。卒業後、航空会社の整備部門に就職し、社内研修や現場の経験を積み重ねながら、まず社内資格を取り、つぎに国家試験を受験する流れが一般的だ。

どんなところで働くの？

　航空整備士（ライン整備）は空港ビル内にある整備部門の事務所に待機し、飛行機の到着ごとに車で移動し、点検や修理の作業を行う。羽田空港の場合、整備士の数が多いので、とても広いスペースだ。自分の担当する便の機体のデータはコンピュータで確認する。ブリーフィングのためのミーティングスペースもある。

ほかにもこんな仕事があるよ！

税関職員

どんな仕事？
　海外での購入品などが規定の量を超えている場合、法律で税金がかかるようになっている。税関職員は、空港や港などで旅行者の手荷物や貨物の検査をして、関税や消費税がかかるものに対しては、税金を徴収する。また、麻薬や拳銃、偽ブランド品などの密輸品を日本国内に持ち込まれないように取り締まることも大切な仕事だ。

この仕事に就くためには？
　税関職員になるには、まずは国家公務員試験を突破しなければならない。国家公務員Ⅰ種、Ⅱ種、Ⅲ種試験のどれかに合格したのち、希望する税関の採用試験を受けて、合格する。その後は一定期間の研修を受けてから、税関への配属となる。なお、税関は港にもあるので、必ずしも空港に配属されるというわけではない。

保安検査

どんな仕事？
　世界への玄関口でもある空港では、たくさんの人が行き交っている。空港の安全を守るため最前線に立っているのが、保安検査のスタッフたちだ。機内への爆発物やナイフ類などの持ち込みを防ぐため、保安検査場では乗客の手荷物をチェックし、金属探知機で危険物を所持していないか確認する。また、チェックインカウンターでは、機内に預ける荷物をX線検査装置に通して調べることもする。国際線では、液体類の持ち込み検査も実施している。

この仕事に就くためには？
　この業務にたずさわるスタッフは、空港から業務を委託された警備会社に所属している。空港専門の警備会社もあるが、たいていは幅広い警備分野のひとつとして空港警備を手がけている。まずは空港警備に応募し、採用されることが必要だ。

飛行機の構造をチェックしてみよう！

みなさんのなかで飛行機に乗ったことのある人はどれくらいいるかな？　また、乗ったことはあっても、飛行機についてどれくらい知っているだろうか。全長は50メートル以上、大きいものでは70メートルを超えるものもある巨大な飛行機は、数百名の乗客を乗せて日々、日本全国をはじめ、世界の空を飛んでいる。その飛行機の各部位はどうなっているのか、紹介していこう。

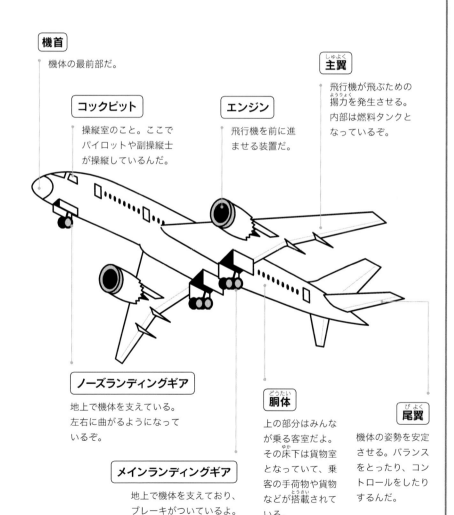

機首
機体の最前部だ。

コックピット
操縦室のこと。ここでパイロットや副操縦士が操縦しているんだ。

エンジン
飛行機を前に進ませる装置だ。

主翼
飛行機が飛ぶための揚力を発生させる。内部は燃料タンクとなっているぞ。

ノーズランディングギア
地上で機体を支えている。左右に曲がるようになっているぞ。

メインランディングギア
地上で機体を支えており、ブレーキがついているよ。

胴体
上の部分はみんなが乗る客室だよ。その床下は貨物室となっていて、乗客の手荷物や貨物などが搭載されている。

尾翼
機体の姿勢を安定させる。バランスをとったり、コントロールをしたりするんd。

Chapter 3

到着の仕事では どんな人が 働いているの?

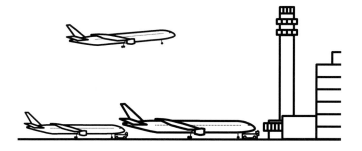

Chapter 3　到着の仕事ではどんな人が働いているの？

到着にかかわる仕事を

空港では毎日
たくさんの飛行機が
離着陸を行っている。
空港見学の2日目は、
到着にかかわる仕事の現場を
訪ねてみよう。

　空港見学2日目の訪問先は、飛行機の到着にかかわる仕事をしている人たちだ。まず案内されたのは、空港の中央付近に高くそびえる管制塔。エレベーターで最上階に上がると、窓越しに空港周辺の全域が360度見渡せた。眺めにみとれていると若い男性が近づいてきた。

空の交通整理

 　航空管制官「管制塔へようこそ。私は航空管制官です」
　松本くん「ここからの眺めはサイコーですね！」
航空管制官「タワーの高さは100メートル以上あるので、空港全体はもちろん周囲の都市まで、空港周辺の空域がすべて見渡せます」
　大石さん「ここで航空管制官は働いているんですか？」

航空管制官「そうですよ。航空管制官はレーダー担当と飛行場担当に分かれて働いていますが、飛行場担当は、空港に離着陸する飛行機が安全で効率的に運航できるよう、ここから監視しながらパイロットに無線で指示を与えています」

大石さん「確かにここからだと、離着陸する飛行機がすべて見渡せますね。具体的にどんな仕事をするんですか？」

航空管制官「航空管制官の仕事は、空港に向かって着陸してくる飛行機を安全に滑走路に誘導する『飛行場管制』と、滑走路に降りた飛行機が地上走行してターミナルのある駐機場に着くまで移動させる『地上管制』があります。これらを２名一組で１本の滑走路を担当します」

松本くん「飛んでいるときと地上を走っているときとで、担当が分かれているんですね」

航空管制官「『飛行場管制』では、レーダー管制官がつけた順番により、着陸態勢が近づいた飛行機のパイロットが、便名と飛行位置を無線で伝えてきます。その位置をコンピュータの画面や肉眼で確認し、着陸の指示を出します。着陸機は列をなして降りてきます。そのあいだに出発機を離陸させることもします。飛行機の動きから目を離さず、パイロットと交信しながらも、着陸や離陸を許可できるか瞬時に判断するんです」

管制塔で働く航空管制官の仕事

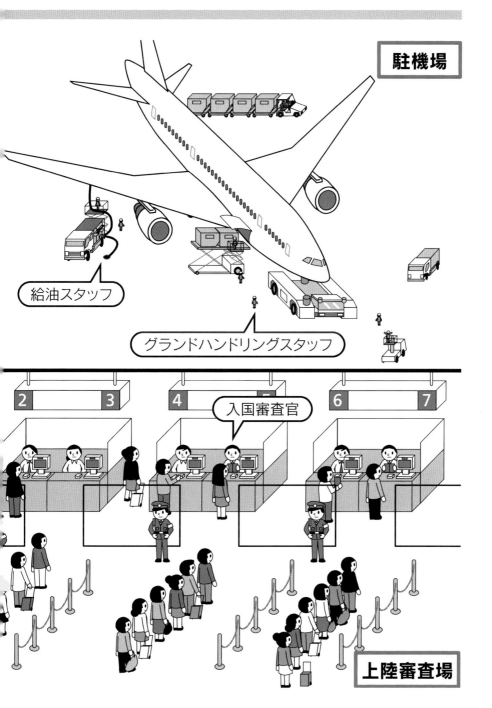

松本くん「この空港には一日何機ぐらいの飛行機が離着陸しているんですか？」
航空管制官「およそ1000機です」
松本くん「それは大変な数だなあ。**それだけの飛行機が離着陸するから、ぶつからないように交通整理をする必要がある**んですね」

コミュニケーションが大事

航空管制官「『地上管制』の仕事は、着陸した飛行機が滑走路から駐機場に着くまで誘導します。空港には同じ時間帯にたくさんの飛行機が離着陸していますから、空港を効率的に運用できるよう、パイロットに対して安全な地上走行を指示するのです」
松本くん「いつもどんなことに気をつけているんですか？」
航空管制官「飛行機を離着陸させるさい、いちばん大事なのは適正な管制間隔の確保です。どのくらいの時間を空けて飛行機を離着陸させるかということですが、短すぎると危険ですし、空けすぎると時間のむだができてしまうので、適正な間隔を保つことが大切なのです」
松本くん「その指示をパイロットに無線で伝えているんですね」

飛行機の交通整理をする

空港で働く公務員

　空港では航空会社の社員だけでなく官庁の公務員も働いている。68ページのインタビューで紹介する航空管制官は、国土交通省航空局に所属する航空保安にかかわる職種。ほかに航空管制技術官、航空管制運航情報官などがいる。航空局の職員や気象庁の職員も、国土交通省の所属だ。出入国審査場で働く入国審査官や、不法滞在の疑いのある外国人を調査する入国警備官は法務省の所属だ。
　財務省所属の税関職員は、海外から持ち込んだ物の検査や税金の徴収を行う。厚生労働省所属の検疫官は旅行者が感染症などをもち込まないようにチェックし、食品衛生監視員は海外からの輸入食品の検査や監視を行う。農林水産省の所属なのは、動物の検疫を担当する家畜防疫官と、植物を担当する植物防疫官だ。

航空管制官「そうです。ですから、**パイロットとのコミュニケーションがとても大事**です。私たちの接点は無線による声だけですから、相手が聞き取りやすいようにはっきりと話さなければなりません」
大石さん「パイロットとのやりとりは英語ですか？」
航空管制官「はい。ただし、会話ではなく、短い指示の言葉になります。相手が不安にならないよう自信をもって話すよう心がけています」

大石さん「安全だけでなく効率も考えるのはなぜですか？」
航空管制官「先程も言いましたが、同じ時間帯にたくさんの飛行機が離着陸していますが、離陸、着陸の時刻や順番が事前に決まっているわけではありません。航空管制官が動きの流れを組み立てることで、どの便も公平に予定通り運航することができます。飛行機がお客さまの便利な交通機関であり続けるよう効率にも気を配っているんです」
大石さん「安全と効率、両方とも大事なんですね」

飛行機の地上支援

つぎに訪ねたのは、滑走路に着陸した飛行機を地上で支援するグランドハンドリングスタッフ。ランプサービスとも呼ばれている。彼らが働く駐機場は入ることが難しいので、空港ビルで話を聞くことに。作業着姿の男性がオレンジ色のしゃもじのような道具を手にして現れた。

グランドハンドリングスタッフ（以下グランドハンドリング）「こんにちは。私はランプサービスを担当しているグランドハンドリングスタッフです」

大石さん「今まで管制塔にいたんですが、**駐機場にいる飛行機のまわり**

飛行機のそばで働くグランドハンドリングスタッフ

でいろいろな車や人が働いていました。あそこにいた方ですよね?」
グランドハンドリング「そうです。飛行機が到着して再び出発するまでのあいだに行う、地上支援の仕事をしています」
松本くん「飛行機のすぐそばで仕事ができるなんて、とても楽しそうだなあ。そのしゃもじのような道具は何ですか?」
グランドハンドリング「ランプサービスの仕事を飛行機の到着から時間に沿って説明しましょう。まず、**マーシャリングといって、飛行機を駐機場に誘導する仕事**があります。パイロットに誘導の合図をするために使うのが、このパドルです。夜間はキャンディライトを使います」
松本くん「どうやって合図をするんですか?」
グランドハンドリング「ちょっとやってみましょう(パドルを大きく上下左右に振り上げ)これが停止の合図、これが左方向へ……」
大石さん「わあ、カッコいい!」
グランドハンドリング「最近では誘導作業も機械化が進み、駐機場に設置されている自動誘導装置を使用します」
松本くん「さっき航空管制官の方に、飛行機を駐機場に誘導するためパイロットに無線で指示を出していると聞きました」
グランドハンドリング「航空管制官の指示に従って、誘導路を走行して

Chapter 3 到着の仕事ではどんな人が働いているの?

きた飛行機が駐機場の正しい位置に停められるよう、パイロットに直接合図して指示を与えるのが私たちの仕事です」

荷物や乗客の降機の準備

グランドハンドリング「飛行機が停止したらタイヤの前後にチョーク(車輪止め)をつけます。そして、お客さまが飛行機を降りるため、到着ゲートと飛行機をつなぐボーディングブリッジを取りつけます」

大石さん「便によっては、到着ゲートから離れた場所に停まることもありますよね。バスが迎えにきてくれたのを覚えています」

グランドハンドリング「そのときは、パッセンジャーステップといって、乗り降りのための階段つきの専用車両を使うんですよ」

松本くん「飛行機のまわりでは**いろいろな専用車が動いていますね**」

グランドハンドリング「機内の貨物や手荷物を運び出したり、搭載したりするのも私たちの仕事です。荷物が積まれたコンテナなどの搭降載に使う専用車を、ハイリフトローダーといいます」

松本くん「空港でしか見ることのない専用車ばかり。乗ってみたいな」

グランドハンドリング「**実は、飛行機は前進はできるのですが、バック**

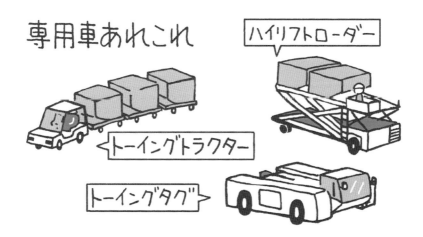

> **コラム　空港で見る特殊車両**
>
> 　空港には、そこでしか見ることのできないさまざまな特殊車両が活躍している。その多くは、駐機場の周辺にいる。たとえば、飛行機が出発するとき、飛行機そのものを押したり引っ張ったりして、所定の位置に運ぶのはトーイングタグだ。一般に飛行機を後方に押すことを「プッシュバック」というが、一機約400トンもある飛行機を小さな車が牽引する姿は、見ているだけでもおもしろい。また飛行機の貨物室にコンテナなどを搭載するための車がハイリフトローダーだ。飛行機のカーゴルームの高さに合わせて調整できるようになっている。乗客の手荷物など、小口の荷物を搭載するのがベルトローダー。機内食を積み込む車をケータリング車という。飛行機から降ろしたコンテナを載せる台車をコンテナドリーといい、貨物地区の上屋内に牽引して運ぶ車をトーイングトラクターという。

ができないため、専用車で押し出す作業があります。その作業を**プッシュバック**といいます。飛行機が出発するとき、滑走路に向かって地上走行できる位置まで、駐機場から飛行機を後方へ押し出します」
松本くん「そういえば、航空整備士さんも駐機場で働いているんですよね。助け合うこともあるんですか」
グランドハンドリング「もちろんです。限られた時間の中で作業しなけ

ればなりませんから、同じチームの一員として働いていますよ」
大石さん「空を自由に飛べる飛行機も、いったん地上に降りるといろいろなサポートが必要になるんですね」

乗客の入国審査

最後に訪れたのが、国際ターミナルの上陸審査場だ。飛行機を降りた乗客が搭乗ゲートを歩く姿が見える。ほかの空港に乗り継ぎする人もいれば、入国する人もいる。ここでは制服姿の若い女性が現れた。

入国審査官「こんにちは。おふたりはここがどこだかわかりますか？」
大石さん「**上陸審査場です。パスポートをチェックする場所**ですね」
松本くん「日本人と外国人が分かれて並んでいますね。ちょっぴり緊張します。ふだんはあのブースの中にいらっしゃるのですか」
入国審査官「そうです。入国審査官の仕事は、国際線の飛行機で海外から到着した外国人の入国を法的に審査し、入国の許可を与えることです。審査の内容は、パスポートの有効期限をチェックし、提出のあった出入国記録カードの入国目的とビザの内容が合っているかなどを

確認します」

松本くん「じゃあ、入国を許可されないこともあるんですか?」

入国審査官「なかには不法入国をたくらんでいるような外国人もいます。パスポートを偽造している場合もあります」

大石さん「こわいですね。そういう人が見つかるとどうするんですか?」

入国審査官「慌てないことが大切です。『**この人、おかしいな**』と感じたら、ブースの中のブザーをこっそり押して、**特別審理官**を呼びます。別室でその人をくわしく調べてもらうのです」

松本くん「おかしいかどうかは、どこでわかるんですか?」

入国審査官「相手の挙動を見てあやしいと感じることがあります。出入国記録カードの内容について2、3質問をするのですが、返答に不自然な点があったりします」

松本くん「そういうのを見抜けないといけないんですね」

入国審査官「私たちは、入国審査だけでなく、出国審査も担当しています。観光ビザで来日していながら、日本で長期間働くなど、許可された滞在期間を超えている外国人のことをオーバーステイというのですが、その場合、彼らをすぐに出国させることはできません。この場合、退去強制に関する手続きを受けた後に、強制送還されることとなります」

ウエルカムの気持ちを忘れずに

大石さん「経済的な理由で不法入国をたくらむ外国人もいるんでしょうね。少し気の毒な気もします」

入国審査官「気持ちはよくわかります。でも、私たちには、**不法な目的で入国してくる外国人を水際でシャットアウトすることで、日本を安全に暮らせる国にする**という使命があります。すべての審査は、出入国管理及び難民認定法（入管法）という法律に基づいているんです」

松本くん「でも、実際は観光などで来る外国人がほとんどですよね。審査のとき、どんなことに気をつけていますか？」

入国審査官「不正に入国しようとする人、そうではない人に対して、厳しさと親切さを使い分けることでしょうか。いつでも厳しい顔をしていたら、せっかくの日本旅行を楽しみにしている外国の人たちの気分を悪くさせてしまいます。旅行者の方には心からウエルカムという気持ちが伝わるよう、ていねいに接することを心がけています」

大石さん「とても神経を遣う仕事ですね。相手によって使い分けるといっても、いろいろな国の人たちがいるので難しそう……」

入国審査官「空港では毎日、さまざまなことが起きます。**入国審査官は**

> **コラム　空港にある施設や設備**
>
> 　空港には飛行機の離着陸に必要な特殊な施設や設備がある。まず基本となるのが、飛行機の離着陸に欠かせない滑走路だ。空港の規模にもよるが3000～4000メートルの滑走路を数本有するのが一般的だ。飛行機が駐機場から滑走路に移動するための通路は誘導路だ。
> 　その周辺に位置し、離着陸をサポートする設備として、着陸する飛行機に滑走路の場所を光で教えるのが進入灯。吹き流しで風の方向と強さを知らせるのが風向灯。滑走路の中心から左右のずれを飛行機に伝える電波を出すのがILSローカライザー。降りる角度を飛行機に伝える電波を出すのがILSグライドスロープ。
> 　飛行機の安全運航に欠かせない気象観測を独自に行っているのが気象観測所だ。飛行機の離着陸の時間や順番を管理・調整し、誘導するのが管制塔である。

日本人の帰国の確認も行うのですが、何かの事情でパスポートを海外旅行中に紛失したという人がときどきいます。パスポートがなければ日本人であることを証明することができませんので、帰国の確認を受けるためには、特別な手続きが必要です。**そうした困った方にアドバイスするのも私たちの仕事**です」

松本くん「空港にはほんとうにいろいろな仕事がありますね」

働いている人に Interview! ④

航空管制官

滑走路が見渡せる管制塔から、
安全な飛行機の離着陸ができるように、
パイロットに指示を与える仕事。

田口 周作さん

2008年国土交通省に入省。飛行機やロケットが好きで、大学で航空宇宙工学を学ぶ。そのまま大学院に進学するが、同期の多くがメーカーに就職する中、別の道はないかと考えていたとき航空管制官の仕事を知る。「パイロットとの無線交信には、コミュニケーション能力が大事です」

Interview!

航空管制官ってどんな仕事？

航空管制官は、空港に離着陸する飛行機が安全で効率的に運航できるように、パイロットに無線で指示を与えて交通整理をする仕事。空港により交通量が異なるが、小さな間違いが大事故につながるだけに、的確な判断力や集中力が求められる。空港では管制塔とレーダー室に分かれて働いている。

飛行機の衝突を未然に防ぐ交通整理役

　羽田空港では、一日約1000便の飛行機が離着陸をくり返しています。管制塔の航空管制官は、空港とその周辺の空域にいる飛行機が衝突しないよう、安全で効率的に移動させるための指示を出します。

　日常の業務は大きく4つの種類に分かれます。ひとつは羽田空港に近づいた飛行機が着陸するまでと、離陸準備が整った飛行機が離陸するまでの、滑走路と空の交通を担当する飛行場管制の仕事。2つめは、空港の滑走路に着陸した飛行機が地上走行して駐機場に近づくまでと、駐機場から滑走路に向かうまでの交通を担当する地上管制の仕事です。それぞれ無線を使って、パイロットに着陸許可や離陸許可、地上走行に関する指示を出しています。3つめが、管制承認伝達といって、パイロットが出発前に提出した飛行ルートや高度などを記したフライトプラン（飛行計画書）の内容に承認を与える仕事です。4つめが、パイロット以外の関係機関との調整を行う副管制。私たちは約50分ごとのローテーションで、4つの仕事を交替しながら担当しています。

　たとえば、飛行場管制で着陸機を担当する場合の流れはこうなります。まずパイロットが自分のコールサイン（便名）と飛行位置をこちらに伝えてきます。航空管制官は、その飛行機の位置を目視かコンピュータ画面で確認した後、着陸を許すかどうかを伝えるのですが、別の便が先に着陸態勢に入っていて許可が出せないときもあります。すると、「あなたの飛行位置の何マイル先に別の飛行機がいます」というような情報を

出して、パイロットに飛行速度の微調整をしてもらいます。

　地上管制の仕事では、駐機場の出入りや誘導路の交差部で円滑に飛行機が移動できるように、走行順序や経路の指示を出します。空港で時刻表を見ると、出発時刻の同じ便がたくさんありますよね。どの便を先に飛ばすかという判断は、空港全体が見渡せる管制塔の中にいる航空管制官が、滑走路や誘導路の混雑状況などを実際に目で見ながら行っているんですよ。飛行機がボーディングブリッジを切り離して出発するさい、後退や旋回するのが難しいので、トーイングタグと呼ばれる特殊車両でプッシュバック（後方に押し出して移動すること）するのですが、その指示を出すのも地上管制です。近くで地上走行している飛行機がいると、交通整理が必要なんです。ただし、無線でつながっているのはパイロットだけなので、車への指示はパイロットを通した伝言になります。

安全第一だが、効率も求められる

　飛行機の離着陸には風向きや天気が大きく関係します。飛行機は風に向かって飛んでいるほうが、離着陸が安定します。羽田空港には4

管制席から飛行機を視認

本の滑走路があるので、季節やその日の風向きでどの滑走路を使うか決めています。航空管制官は、気象状況の変化に敏感でなければならないんですよ。

滑走路の安全な運用管理にも神経を遣います。よくあるのがバードストライクで、鳥が飛行機とぶつかったり、エンジンに吸い込まれてしまうこと。これが滑走路上で起こると、再発防止のため一時滑走路が閉鎖になります。羽田空港では、年間200回を超えるバードストライクが起きています。また、着陸後の点検で部品が欠落していた場合も、その飛行機が利用した滑走路は閉鎖になります。もし、その滑走路に何かの部品

▶ 航空管制官のある1日 ◀

7時30分	出勤。始業の準備をする。
7時50分	始業ブリーフィング。滑走路の閉鎖の確認や前任者との引き継ぎ、気象状況の確認をする。
8時00分	管制塔での業務が始まる。まずA滑走路の飛行場管制。
8時50分	B滑走路の地上管制。
9時40分	管制承認伝達へ。以降、休憩、昼食を挟みながら、14時30分までローテーションで管制業務を続ける。
14時30分	管制塔での業務終了。
14時40分	終業ブリーフィング。当日の業務の報告や各種委員会からの報告、チームでのミーティング。
15時45分	勤務終了。

※羽田空港は24時間運用のため6チームによるシフト勤務。

管制塔から見た空港

が落下していたら、つぎの飛行機がそれを踏んだり、エンジンに吸い込んでしまう危険があります。滑走路が閉鎖になると、上空で着陸準備をしている到着機に、着陸のやり直しを指示しなければなりません。

さらに、考えなければならないのは、適正な管制間隔の確保。つまり、どのくらいの時間を空けて飛行機を離着陸させるか、ということです。飛行機の大きさにもよりますが、基本的に上空では3マイル（約5.6キロメートル）以上離れているのが原則。しかし離陸のタイミングは、ほかの滑走路や着陸機との関係も考慮しなければならず、慎重になりすぎるとチャンスを逃して運用効率が悪くなります。その微妙なタイミングを見計らいながら離陸の指示を出すことが求められているのです。

パイロットとのコミュニケーションは大切

パイロットとのコミュニケーションも大切です。私たちの接点は無線による声のみです。パイロットはこちらの指示内容をくり返すことで応答しますが、パイロットの語尾が上がると、うまく伝わったか気になります。自信をもってはっきりと聞き取りやすく話さなければなりません。

これが羽田空港の管制塔だ！

Interview!

声の調子やアクセントには気を遣います。もちろん会話は英語ですよ。

飛行機の離着陸は時刻表通りにいかないのが常です。交通の集中やトラブルがあったりすると5〜10分は平気で遅れます。ある人は航空管制官の仕事を「パズルのようだ」と言います。確かに、羽田では一日1000機もの飛行機が、空と地上で複雑に行き交っているのですから。

それだけに、自分の読みがピタリと当たったときはうれしいです。意図した通りに指示が出せて、実際にそのように動いていくと、結果的に全体の運用効率もよくなるので、パイロットやお客さまの利便に陰ながら貢献しているといえます。そんなとき、パイロットが評価してくれることがあります。ひと言「サンキュー！」と言われるだけですが、おたがいの名前や国籍を知らなくても、気持ちがつながったなと感じます。

航空管制官というのは、独任官といって資格取得後は勤続年数や経験に関係なく一人前として扱われます。私は職場のなかでは若いほうですが、飛行機を扱う上では先輩と同じ責任を負うことになります。

全国にはいろいろな空港があるので、ほかの空港の仕事も経験してみたいです。また、私は航空宇宙工学科出身なので、将来は管制のシステムや機器を開発する部署にも、挑戦してみたいと思っています。

航空管制官になるには

どんな学校に行けばいいの？

航空管制官になるには、国家公務員試験のひとつである航空管制官採用試験を受験し、合格した後、航空保安大学校で1年間の研修を受けることが必要だ。採用試験は大学卒業レベル。パイロットとの交信は英語で行うため、年々試験における英語力の重要度が高くなっている。受験資格は、21歳以上30歳未満の人、または21歳未満で大学、短大、高等専門学校卒業か同等の資格がある人。

どんなところで働くの？

管制官は交通量の多い空港に配置され、管制塔とレーダー室に分かれて仕事をする。また、航空路のレーダー管制を行う航空交通管制部（札幌、所沢、福岡、那覇）でも管制官が働く。国家公務員なので全国レベルでの転勤がある。

Chapter 3 到着の仕事ではどんな人が働いているの？

働いている人に Interview! ⑤
グランドハンドリングスタッフ

滑走路に降りた飛行機を安全に誘導し、
お客さまの乗り降りや手荷物の搭載など、
地上での運航を支援する仕事。

田村耕二さん

1999年ANAエアポートハンドリング入社。高校卒業後、専門学校で航空貨物を学ぶ。自宅が成田空港の近くで、展望デッキから飛行機の周辺で働く人たちをよく眺めていた。父親は飛行機の整備士で、あこがれがあったという。「気がついたら、空港で働きたいと自然に考えるようになっていました」

Interview!

> ### ▶ グランドハンドリングスタッフ（ランプサービス）ってどんな仕事？◀
>
> 　滑走路に降りた飛行機の駐機場への誘導や移動、お客さまが乗り降りするためのボーディングブリッジと呼ばれる通路やタラップを飛行機に取りつける作業、お客さまの手荷物や貨物の積み降ろしが主な仕事の内容だ。安全な飛行を地上から支える航空機の地上支援業務である。

飛行機にいちばん近い運航支援の仕事

　私の所属するランプサービス部では、空港に到着した飛行機にいちばん近い場所で行うグランドハンドリング（地上支援）という仕事をしています。みなさんも空港のロビーから、飛行機周辺のランプと呼ばれる立ち入り制限スペースで、私たちが働く姿を見たことがあるかもしれませんね。飛行機が到着してからの仕事の流れをお話ししましょう。

　まず、滑走路に降りた飛行機を駐機場に誘導するマーシャリングという仕事があります。パドルと呼ばれるオレンジ色のスティックを使った手振りの合図でパイロットに指示を与えながら、駐機場に誘導します。大型の飛行機になると、コックピットの高さに合わせてマーシャリングカーと呼ばれる昇降台つきの専用車に乗って作業を行います。最近では、7割くらいは機械でマーシャリングを行うようになりましたが、人間がやらなければならない場合は、パイロットに正しく操縦してもらうために、しっかり見えるように大きく指示を伝えます。

　飛行機が所定の場所に着いたら、エンジンが完全に停止したことを確認して、飛行機が動かないようにタイヤの前後に車輪止め（チョーク）を装着します。これをチョークマン業務といいます。

　一般に飛行機は、地上では前進できても後退ができません。そのため、飛行機が出発してから誘導路まで後退させる（プッシュバック）ときや、故障が見つかって格納庫に運ぶときなど、飛行機を移動させることをトーイングといいます。その専用車がトーイングタグです。

ここまでの仕事を終えると、お客さまの乗り降りのためのボーディングブリッジを機体に取りつける作業にかかります。また、時にはターミナルから離れた場所でお客さまを降ろすこともあります。そのさいは、タラップ車という階段つきの専用車で飛行機のそばに向かい、扉に装着させます。飛行機はたいてい2つの扉があるので、2台で行きます。飛行機によって客室の床の高さが違うので、調節します。

神経を遣う荷物の搭載業務

お客さまが飛行機から降りているあいだに、手荷物や貨物が積まれたコンテナを降ろす作業をします。これはとても神経を遣う仕事です。コンテナ以外の手荷物は一つひとつ人間の手で降ろし、ターミナルに運びます。コンテナの搭降載には、ハイリフトローダーと呼ばれるカーゴルームの高さに合わせて調節できる専用車を使います。カーゴルームから出された貨物コンテナはそのまま貨物倉庫へ運ぶのですが、数が多い場合は、コンテナを載せた車が数珠つなぎのように連結されます。それを運ぶのがトーイングトラクターです。

飛行機を誘導するマーシャリング業務

Interview!

　荷物を積み出したら、つぎのフライト準備に移ります。新しいお客さまの荷物を搭載し、それが終わるころにはそのお客さまが機内に乗り込んできます。すべての方が乗り込み、扉が閉まるのを確認したら、ボーディングブリッジを外します。

　よく機内に乗り込む直前の扉の横で、作業服を着た人を見かけることはありませんか？　それが私たちランプサービスのスタッフです。私たちの仕事は、基本的にお客さまと直にお会いすることはないのですが、これが唯一の接点なんです。ですから、私たちはご搭乗されるお客さまに「いらっしゃいませ」とお声をかけることにしています。そうすると、

グランドハンドリングスタッフ(ランプサービス)のある1日

4時30分	出勤。各自で仕事の準備。
5時00分	朝礼。1日のスケジュールの確認。その後、マーシャリングカーやハイリフトローダーなどの特殊車両の点検。
6時00分	グランドハンドリング業務が始まる。1機につき30～40分かかる(羽田空港の場合、朝方と夕方に国際線が多数到着し、国際線の業務が集中する)。
10時00分	休憩。昼食。
11時00分	つぎのグランドハンドリング業務を行う。
14時00分	グランドハンドリング業務終了。1日の業務報告をする。遅番に業務の引き継ぎをする。
14時30分	勤務終了。退社。

※羽田空港は24時間運用のため交替制のシフト勤務。

タイヤに車輪止めを装着

お客さまから「お世話になります」と言ってくださるときがある。これがとてもありがたいんですね。うれしくなります。

　こうした一連の流れを2名一組でくり返しているわけですが、ほかの職種ともいろいろな場面で連携しています。まず整備士とは、飛行機を駐機場に誘導する作業をするときから同じ現場にいて協力し合っています。コンテナを倉庫から運んでくる搬送業務や機内食を搭載するフードローラー、給油の担当者とも連携して効率的な作業に努めます。またパイロットには、飛行機の誘導時だけでなく、搭載した貨物の状況を機内で客室乗務員とのブリーフィングのさいに伝えることもあります。

海外の空港で仕事をするときも

　以前私は、アメリカのボーイング社の工場があるシアトルに出張に行きました。ANAが世界ではじめて導入したB787のグランドハンドリング業務のノウハウを勉強するためです。

　私たちの仕事の段取りは、飛行機の機種でかなり違います。たとえば、給油口の位置も機種によって違うんですよ。トーイングタグで機体をプ

飛行機をトーイング！

ッシュバックするとき、B 787はどんな手ごたえなのか、現地で実際に訓練しました。空港ごとに駐機場の大きさや仕様も違うので、羽田以外の空港に着陸する場合の運用も、知っておかねばなりません。

　新しい機種が導入されるたびに、グランドハンドリングだけでなく、整備士もいっしょに現地へ行って、その飛行機を支障なく運航できるようなマニュアルづくりをします。かなり長期間にわたる海外出張でしたが、この仕事はほんとうにやりがいがありましたね。

　また、チャーター便といってふだんは就航していない海外の空港へ、ツアーのお客さまを乗せて臨時に飛行機を飛ばすことがあります。その場合は、現地で地上支援をサポートするためにいっしょに行くことがあります。その出張は一人です。現地の空港にもグランドハンドリングの会社があるからで、海外のスタッフとともに働くこととなります。私も何度か経験がありますが、海外のはじめての空港で現地の整備士や地上支援のスタッフと仕事をするのは大変ですが、いい緊張感があります。

　私たちの業務はかなりの力仕事ですが、ランプサービスにも女性が増えてきました。大雨や台風でも外に飛び出さなければならない。そんな環境下でもパワフルに働く女性の姿を見て、頼もしく感じています。

グランドハンドリングスタッフ（ランプサービス）になるには

どんな学校に行けばいいの？

　グランドハンドリングの専門会社への就職をめざすことになる。特殊な車両を運転する仕事だが、採用に当たって事前に特別な資格は必要ない。グランドハンドリングの業務知識を学べる専門学校などで勉強しておくと有利だ。外国人といっしょに仕事をすることもあるので、英語力を身につけておくと役に立つ。

どんなところで働くの？

　グランドハンドリングスタッフが働く場所は、滑走路を降りて駐機した飛行機のすぐそばだ。そこは、一般客が立ち入りを許されないランプと呼ばれるスペースである。どんな悪天候でも外に出て、飛行機を誘導したり、荷物を運んだり、ずぶぬれになって格闘することもある。

Chapter 3 到着の仕事ではどんな人が働いているの?

働いている人に Interview! ⑥

入国審査官

空港に到着した外国人の
入国を認めるかどうかを審査し、
不法な滞在を防ぐ仕事。

矢吹なつ美さん

2008年東京入国管理局に入局。高校卒業後、公務員受験の専門学校に進学。兄の友人に外国人が多くいたことから、国際化した日本で安心して外国人と日本人が共生できるような社会をつくるため、入国審査官を志す。「この仕事は日本で暮らす日本人と外国人両方のためになるんです」

Interview!

入国審査官ってどんな仕事？

　日本の玄関である空港や港で、外国人の出入国審査や日本人の出帰国の確認などを法的に行う。パスポートの有効性や入国目的を記載したビザの内容が実情と合っているかなどをチェックし、問題があれば別室で調べることも。入国管理業務は行政サービスのひとつであり、来日した外国人を歓迎する姿勢も大切だ。

外国人の入国を審査する

　入国管理局は、「出入国管理及び難民認定法（入管法）」という法律をもとに、外国人が来日してから出国するまでのあいだの在留管理などを行う役所です。空港はその入り口なので、一人ひとりの外国人の入国を認めるかどうかを審査します。毎日何千人という外国人が入国申請をするのですが、その方々が有効なパスポートを持っているか、入国目的に合ったビザを取得しているかをチェックし、問題のない外国人の方には、できるだけスムーズに入国の手続きを進めます。ただし、なかには不法入国をたくらんでいるような外国人もいますので、それを水際でシャットアウトするのも大事な仕事です。

　入国管理局は国際線の定期便が飛んでいる空港にはすべてあります。定期便のない地方空港でも、臨時にチャーター便が飛んでくることもあるので、そのときは入国審査官を現地に派遣します。最近、クルーズ船が寄港するケースが増えており、港でも入国審査を行います。スピーディーに手続きを進めるため、船内で出入国業務を行うこともあります。

　入国審査では、パスポートとビザの提示や顔・指紋情報を提供してもらい、加えて出入国記録カードを記載の上、提出していただきます。それらを審査官がブースの中でチェックし、入国の可否を判断します。

　判断の基準を言葉で説明するのは難しいのですが、相手の挙動を見て不審に感じた場合、出入国記録カードに書いてある内容について質問することもあります。たとえば、90日以内の観光目的であれば、ビザが

免除される外国人でも、よく見たら前回も90日、その前も90日という長期の滞在が入国スタンプの日付から判明した場合、「ほんとうに観光目的の来日なのか、日本で不法に就労しているのではないか」という疑いが生じます。なかには偽造パスポートを所持しているケースもあるため、おかしいなと思ったら、特別審理官という専門の担当官を呼んで、別室でくわしく調べてもらいます。

出国審査のほうが大変なケースも

入国審査の仕事は、上陸（入国）審査場と出国審査場に分かれています。勤務日によって交替するのでどちらも担当します。

個々の審査にかかる一人当たりの時間は一般に入国のほうが長いです。通常は出国していく外国人をくわしく調べる必要はないからです。しかし、時には出国審査のほうが大変なケースもあります。オーバーステイ（不法滞在）している人の場合、すぐに出国させることはできません。また、ケースによっては、入国管理局で再入国許可の手続きを取ってから出国しないと、今持っている在留資格を失効してしまうことがありま

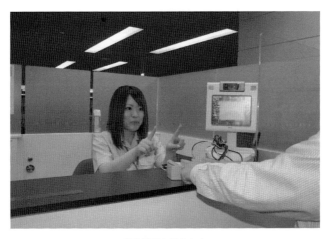

指紋情報を採ります

Interview!

す。それも、飛行機の出発まで時間がないという人に限って、「再入国許可を取り忘れた！」ということが多いんです。そんなときは、まさに時間との闘いです。

空港という場所柄、水際で上陸を阻止するという意味で、税関や動植物の検疫の担当官とは仕事の目的は同じです。問題のある外国人を審査する過程で、税関に荷物をチェックしてもらうこともあります。航空会社とは日々密に連携しています。実は、入国が認められなかった場合、その人を折り返し便で帰国させなければならないのですが、同じ航空会社で帰ってもらうというのが国際的なルールになっているからです。ま

入国審査官のある1日

9時00分	出勤。事務室でミーティング。
9時30分	上陸審査場のブースで入国審査業務を行う。この日は外国人の入国審査を担当（日によって交互に出国と入国を担当）。
11時30分	休憩。昼食。
12時30分	2回目の審査業務。
15時30分	休憩。
16時00分	3回目の審査業務。
19時00分	休憩。夕食。
20時00分	4回目の審査業務。羽田の国際線は深夜近くに到着する便も多いため、夜の時間帯は忙しい。
24時00分	休憩。仮眠。
4時30分	5回目の審査業務。
8時00分	勤務終了。退社。

※羽田空港の入国審査官は基本的に24時間勤務で、その翌日は休み。

ここが上陸審査場です

た、車椅子利用など特別なケアが必要な方もいらっしゃるので、負担を軽くするための対応を心がけています。

仕事でやりがいを感じるのは、やはり上陸審査場で不正入国を防いだときですが、一方でこんなこともありました。入国時に審査を担当した外国人の方が、出国のときに私のことを覚えていて、「日本は楽しかったよ、ありがとう」と言ってくれたのです。うれしかったですね。

厳しさと親切さを使い分ける柔軟性

この仕事をする上で、柔軟性はとても大事だと思います。入国審査はあくまで法律行為であり、法律で定められた手続きを執行し、厳格に審査をしなければならない。でもだからといって来る人来る人に、しかめっ面というわけにもいきません。基本的には行政サービスとして一人ひとりていねいに接し、さわやかな対応を日頃から心がけています。

空港では毎日いろいろなことが突発的に起こりますから、臨機応変な対応が大切です。たとえば、実際に偽造パスポートを発見したとき、どう対処すればいいか。慌てることなく、ブース内にあるブザーをさりげ

フライトスケジュールをチェック

Interview!

なく押して、その外国人を特別審理官に引き取りにきてもらいます。

そうかと思えば、飛行機に乗ってきたのに、「パスポートが見当たらない」と言い出す人もいます。航空会社の方に調べてもらい、機内で見つかったという場合もありますが、とうとう見つからずじまいということも。その方は日本人だったのですが、パスポートがないと日本人だと証明できないですよね。そういう場合は、帰国のための特別な手続きをしてもらうことになります。一日の勤務がトラブルなく無事に終わると、ほんとうにホッとしますよ。

入国管理の仕事は、日本を安全に暮らせる国にするという使命を負っています。今後は、目の前にある仕事だけでなく視野を広げて、これまで以上に不正に入国しようとする外国人には厳しく、法律を守って入国しようとする外国人の方には、より親切に迅速に対応したいと思っています。また、入国審査の仕事以外にも、外国人として長く日本で暮らしていこうとしている人たちのための在留審査や、政治的な理由で母国を離れなければならなくなった外国人のための難民調査官といった幅広い入国管理の業務にもたずさわっていきたいので、さらに勉強していきたいです。

入国審査官になるには

どんな学校に行けばいいの？

入国審査官になるには、国家公務員試験を突破することが条件だ。国家公務員採用総合職または一般職試験に合格した者のなかから、各地方入国管理局の面接を経て、入国管理局職員として採用される。入局後は研修と勤務経験を積み重ねながら入国審査官としてデビューすることになる。

どんなところで働くの？

空港内には出国用と入国用の審査場がある。審査官は業務のさいはブースの中に入り、外国人および日本人の出入国審査を数時間おきに交替で行う。ブースに入らない時間帯の業務を行う事務所は審査場のそばにある。特別審理官が不審な外国人をインタビューする部屋や、難民調査官のためのスペースもある。

ほかにもこんな仕事があるよ！

機内清掃スタッフ

どんな仕事？
　飛行機が空港に到着してから、別の空港へ向かうまでの滞在時間はおよそ40〜50分。乗客の乗り降りにも時間がかかるため、つぎの便の出発準備に使うことができる時間はごくわずかだ。清掃スタッフはその限られた時間の中でフロアやシートのゴミを回収し、ヘッドレストのカバーを交換。また、ヘッドホンや機内誌など、シートポケットの中身を整えて、テーブルや肘掛けにクリーナーをかけていく。乗客が空の旅を楽しめるように、クリーンで衛生的な機内を整えるため日々がんばっている。

この仕事に就くためには？
　機内の清掃は、航空会社より業務を委託されている会社のスタッフが行っている。まずは、自分が働きたい空港で清掃業務を実施している会社を調べて、採用試験を受けよう。

給油スタッフ

どんな仕事？
　空港に到着して、またつぎの目的地に向かう飛行機は、駐機場にいるあいだに燃料を補給しなければならない。それぞれの便のフライトスケジュールに合わせて、飛行機への給油を迅速かつ的確に行っていくのが、給油会社のスタッフだ。飛行機が空港に到着し、基本的にすべての乗客が降りてから、給油は開始される。給油作業は、ライン業務にたずさわる航空整備士と協力しながら行っていく。飛行機への給油業務だけでなく、飛行機に給油する車両の整備、空港内の給油施設の維持管理などにもたずさわる。

この仕事に就くためには？
　給油を行う会社は全国の空港にある。空港近くの給油会社を調べて、ホームページなどで採用情報を調べてみよう。

ほかにもこんな仕事があるよ！

入国警備官

どんな仕事？
　入国警備官は地方入国管理局などに所属し、日本へ不法に入国したり、不法に滞在している外国人を取り締まって、本国に送還している。入国警備官は、法律に違反している外国人の身柄を拘束することができる。空港以外で活躍する職員が多いが、空港へ配属となった場合は、主に不法に入国した外国人を取り調べることが任務となる。そのほか、不法入国者の発見のため、空港内のパトロールも大事な任務である。

この仕事に就くためには？
　入国警備官は警察官と同じく公安職の公務員だ。入国警備官試験に合格し、採用されると入国警備官になれる。採用後は研修を受け、必要な知識や実務を身につける。外国人を相手にする仕事なので、外国語の習得が必要。拳銃や逮捕術などの訓練も受ける。

検疫官

どんな仕事？
　国内で一般的ではない感染症や病気、害虫が、日本にもち込まれるのを防ぐ仕事。全国の空港や港で外国人や帰国者をチェックしたり、その人が持ち込もうとしている食品や動物・植物を調べる。人間と食品の検査の担当は厚生労働省の検疫官で、動物や植物を検査するのは農林水産省の防疫官だ。海外からの輸入食品や貨物を対象とする食品衛生監視官もいる。

この仕事に就くためには？
　検疫官は国家公務員なので、まずは国家公務員試験を突破することが必要だ。厚生労働省または農林水産省の指定する採用試験の合格をめざそう。また、検疫所は日本全国の空港や港にあるので、必ずしも空港で働くことができるとは限らない。

Chapter 4

飛行機の中では どんな人が 働いているの？

Chapter 4　飛行機の中ではどんな人が働いているの？

飛行機の中の仕事を

飛行機に乗ったとき
いつもお世話になっている
パイロットや客室乗務員の仕事。
見ているだけではわからない
やりがいや苦労について
話を聞いてみよう。

　空港3日目のしごと場見学は、空港ロビーなどでもよく見かけるパイロットや客室乗務員などの乗務スタッフだ。あこがれの職業の人たちに話が聞けるということで、ふたりはちょっと緊張（きんちょう）した面持ち。最初にパイロットが出社するオフィスを訪ねると、制帽（せいぼう）を手にした制服姿のパイロットの男性が近づいてきた。

飛行前の綿密な情報収集

　パイロット「こんにちは。空港見学の中学生ですね。今日は操縦席を案内することはできないけれど、ここでパイロットの仕事をお話ししましょう」
　松本くん・大石さん「よろしくお願いします！」

松本くん「ところで、パイロットは飛行機に乗らないとき、どこにいるのですか？　ここはパイロットの専用オフィスなんですか？」

パイロット「そうなんだ。私たちは国内線の場合、一日３、４回フライトをするのだけれど、一日の始まりはこのオフィスに来て、飛行ルートや目的地の天候、お客さまに関する情報などをチェックすることになっているよ。ステーションコントロールと呼んでいるんだ」

大石さん「たくさんのパイロットの方がいますね」

パイロット「ここでは、**天気図の解析（かいせき）や目的地の空港に関する最新情報などをアドバイスしてくれる、運航支援者（しえん）という専門のスタッフから、最新情報をもらうことになっているんだ**」

大石さん「飛行機の安全運航にとって天候は重要なんですね」

パイロット「安全運航もそうだけれど、お客さまに快適なフライトを提供するというのは、ゆれない飛び方をすることなんだ」

松本くん「確かに、飛行中のゆれは気持ち悪いです……」

パイロット「そうならないために、大気の不安定な入道雲の発生場所を確認して、避けるようなルートを選ぶとか、ゆれの少ない高度を飛ぶとか、事前に目的地までのフライトプランをきちんと立てることが必要なんだ」

フライトについての最新情報を集める

Chapter 4　飛行機の中ではどんな人が働いているの？

飛行機の中を イラストで見てみよう

ケータリング

パイロット

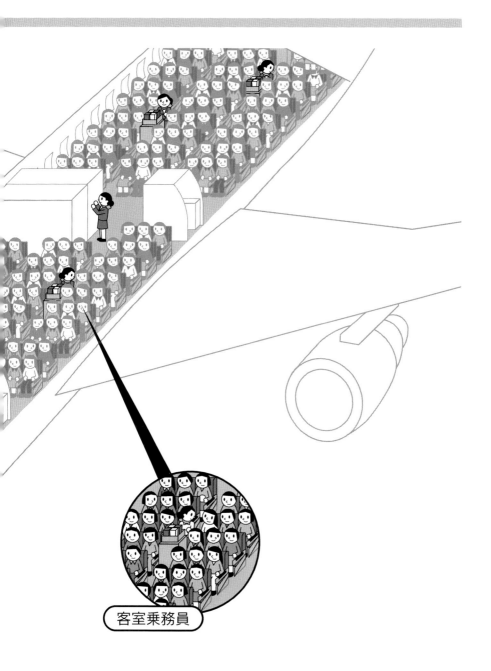
客室乗務員

空を飛ぶ喜び

松本くん「一日何回も空を飛んでいるんですね。操縦は何人でするんですか？」

パイロット「**機長と副操縦士の2名一組**だ。今の飛行機はオートパイロットといって自動操縦の技術が進んでいるので、実際には離陸、着陸時を除いて、上空を飛んでいるときは、ほぼコンピュータによる自動操縦で運航されているんだ」

松本くん「そうなんだ。すごいですね」

パイロット「だからこそ、**飛行前に立てるフライトプランづくりは重要です。でも、天候は変わりやすいので、臨機応変さも大切**なんだ」

大石さん「操縦席からの眺めはきっとすばらしいでしょうね」

パイロット「ほんとうにそうだよ。パイロットになってよかったと思うのは、コックピットから見える世界の美しさといってもいいくらいだ」

大石さん「どんなものが見えるんですか」

パイロット「青い海に浮かぶ南の島々や雪山の美しさ。国際線だとオーロラを見たことも。流れ星が目の前を降ってきたときは感激したな」

大石さん「うわあ、ステキ！」

LCCとは？

最近、「LCC」という言葉を耳にした人もいるかもしれない。LCCとはLow Cost Carrier(ローコストキャリア)の略で、格安航空会社のこと。その名の通り、割安な運賃で空の旅を提供する航空会社だ。運航コストや人件費の削減、機内サービスを簡略化したりして、低価格の運賃を実現している。

日本には2007年にオーストラリアのジェットスター航空が就航し、その後もマレーシアや韓国などのLCCがつぎつぎと日本路線を開設している。2012年にはANAが出資して設立されたピーチ・アビエーションが関西を拠点として就航。ほかにも、ジェットスター・ジャパンやエアアジア・ジャパンが国内線の就航を開始した。日本でも、本格的なLCC時代が始まっている。

パイロット「ふたりにも空を飛ぶ喜びを知ってほしいな。最近は女性パイロットも増えている。大石さんもチャレンジしてみては？」

保安要員としての客室乗務員

パイロットへのインタビューを終えたふたりは、つぎに客室乗務員の

Chapter 4　飛行機の中ではどんな人が働いているの？

オフィスを訪ねた。客室乗務員は、大石さんが将来つきたい職業のひとつ。広いオフィスでは、大勢の女性たちが出発前の準備をしていた。

客室乗務員「こんにちは。よくいらっしゃいました」
大石さん「こんにちは。ここは客室乗務員の方が出発前に集合する場所ですよね。みなさん、何をしていらっしゃるのですか？」
客室乗務員「私たちはまず着替えをすますとここに来て、フライトの1時間くらい前に同じフライトの乗務員と打ち合わせをします。その日の飛行状況や保安知識の確認、お客さまの中に小さなお子さまや車椅子を利用する方がいらっしゃるかなどの乗客情報を確認します」
松本くん「ぼくたちが飛行機に乗ったとき、いつも笑顔で優しくサービスしてくださいますが、どんなときが大変ですか？」
客室乗務員「一般に客室乗務員は、飲み物や食事を出したり、サービスしたりすることが仕事だと思われていますが、**いちばん重要なのは、緊急事態が起きたとき、お客さまの安全を守ること、つまり保安要員としての仕事**なんです」
松本くん「飛行機の出発前に救命胴衣のつけ方を実演してますね」
客室乗務員「これは規則なんです。それ以外にも、不測の時代に備えて、キャプテン（パイロット）と連絡を取りながら、お客さまが不安になら

> **コラム** 機内サービスのいろいろ
>
> 　飛行機の利用は、国内線なら1、2時間程度の飛行時間だが、国際線では長いと半日も飛行機に乗ることになる。そんな空の旅を快適にするために、機内にはさまざまなサービスがある。
> 　まずあげられるのが機内食。長距離路線では2食食べることもある。機内での楽しみだ。一般的には前菜、メーン、デザートなどがトレーに載せられコンパクトに用意。路線により和食と洋食のメニューをそろえたり、カレーや丼もの、サンドイッチなども準備。事前予約は必要だが、宗教や健康上の理由で一般の機内食が食べられない人には特別食があったり、赤ちゃん用の離乳食のサービスもある。
> 　長時間のフライトのため、映画や音楽、ゲームなどのエンターテインメントも完備。機内で免税品などのショッピングを楽しむこともできる。

ないように、常に機内の安全確認をしているんですよ」
大石さん「一日中立ち仕事で、体力的にも大変ですね」
客室乗務員「フライトに応じたシフト勤務なので、出勤時間も不規則。宿泊を伴うことも多いので、何より健康管理が大切ですよ」
大石さん「どんなときにやりがいを感じますか」
客室乗務員「そうですね。この仕事は、毎日いろいろな方にお会いする

客室乗務員は体力と健康管理が必要
- 1日中立ち仕事
- 宿泊先もさまざま
- 時間が不規則
- お客さまへサービス

ので、学ぶことは多いですよ。心をこめて対応をして、その結果、お客さまに喜んでもらうことがいちばんの励みになりますね」
大石さん「私も将来、客室乗務員になれるでしょうか」
客室乗務員「大切なのは、あきらめない気持ちです。**最近は外国のお客さまも増えているので、語学力をのばすことも大切ですね**」

機内食をつくる工場

飛行中の楽しみといえば機内食。いったい誰がつくっているのだろう？ 実は、機内食をつくる専門の工場が空港近くにあるのだ。ふたりは機内食の調理師に会うために、機内食（ケータリング）工場を訪ねた。給食センターのような場所で、調理エリアに入る前には、ゴミや菌を持ち込まないように、白衣とキャップ、マスクをつけ、手荒い消毒をし、エアシャワー室を通る。調理エリア内では男性の調理師が待っていた。

 調理師「私は調理師です。和食を担当しています」
大石さん「調理場の中は衛生管理が厳しいんですね」
調理師「ぼくたちも毎日そうしているんですよ。その場で調理してすぐ食べていただけるレストランと違って、**機内食はつくってからお客さま**

> **コラム** 新型旅客機ボーイング787
>
> 　アメリカのボーイング社が開発・製造をしたボーイング787。最新の技術を駆使したこの新型旅客機は、2011年にANAが世界に先駆けて運航を開始した。
> 　B787には多くの日本の技術が活用されている。機体には日本の企業が開発した炭素繊維の複合材を使用。これによって機体の軽量化が実現した。また、機体の35パーセントが日本のメーカーの手でつくられており、主翼も日本企業が担当している。エンジンはロールス・ロイス社製の高性能なエンジン。二酸化炭素などの排ガスを従来より削減して、地球環境にも配慮している。
> 　キャビン（客室）にも工夫がある。キャビンの幅は従来より約75センチ拡大。乗降口の天井を高くして、機内に乗り込んだ乗客に開放感と落ち着き感をもたらす。キャビンの窓は従来より拡大して、外の景色がより一層、楽しめるようになった。

が機内で食事をされるまで、時間が空いてしまいます。食中毒にならないよう調理法に気を遣い、衛生管理は徹底しています」

松本くん「工場の中はとても広いですね」

調理師「調理エリアは和食や洋食、ベーカリーなどの調理場に分かれ、それをひとつのトレーにまとめていきます。ほかにもメニューの企画や仕入れの管理をしたり、機内に搭載したりする部門があります」

松本くん「空港で飛行機に機内食を積み込む専用車を見ました。ここから運ばれていたんだな〜」
調理師「和食担当も食材や調理法ごとに部屋が分かれています」
大石さん「それぞれの調理場でつくったメニューは、ベルトコンベヤーに載って流れ作業で盛りつけられていくんですね」
松本くん「ところで、一日何食くらいつくっているんですか？」
調理師「ここでは1万〜1万2000食分ぐらいかな。メニューも路線によって違います。ヨーロッパ線などの長距離便は2食積み込みます」
松本くん「じゃあ、メニューもつくり分けているんですね」
調理師「エコノミーやビジネスなどクラスによっても違いますよ。アレルギーのある方や、宗教上の関係で特別な食材を使ったスペシャルメニューというのもあります」

機内食の味のヒミツ

大石さん「先程、機内食は食べるまでに時間がかかると言っていましたが、おいしくするための特別な調理法はあるのですか？」
調理師「魚や肉料理は、機内で客室乗務員が手を加えてはじめておいし

膨大な数の機内食を効率よくつくる
一日1万食以上つくります

くなるように工夫しています。また、空の上で食事をすることを考えて、味つけも変えています」
松本くん「何が違うんですか？」
調理師「上空は気圧が低く、空気も乾燥しているので、味が薄く感じるようです。そこで、少し濃いめの味つけにしているんです」
大石さん「ところで、メニューは誰が考えているんですか」
調理師「基本的に料理長が担当し、半年先まで決まっています。メニューは季節感が出るような食材を選んで、３カ月おきに変えています」
大石さん「そういうのはうれしいですね」
調理師「日本人のお客さまだけではないので、外国のお客さまにも喜んでもらえるようなメニューづくりも心がけているんです」
松本くん「調理師さんもメニューを自分で企画したりするんですか」
調理師「ええ、仕事の合間に、料理長に採用してもらえるようなメニューをいつも考えていますよ」
大石さん「それはやりがいがありそうですね」
調理師「私たちは直接お客さまとの接点はありませんが、客室乗務員から機内食についてお客さまの声が届きます。『このメニューおいしかったよ』という声があると、がんばろうという気持ちになりますね」

Chapter 4 飛行機の中ではどんな人が働いているの?

働いている人に Interview! 7
パイロット

安全で快適なフライトに向けて、
飛行機の操縦をしながら、
運航のすべての責任を司る仕事。

道廣直幹さん
（みちひろなおき）

1992年 ANA 入社。大学は商学部で学ぶ。大学2年のとき、別世界の仕事だと思っていたパイロットを、航空会社が自社養成することを知り、チャレンジする。「文系、理系のハンディはありません。常に向上心をもって、好きなことにしっかり打ち込める強い気持ちが大事です」

Interview!

> ### ▶ パイロットってどんな仕事？ ◀
>
> パイロットはいうまでもなく、飛行機を安全に操縦するのがメーンの仕事だが、お客さまの快適な空の旅を実現するために、日頃から訓練や高度な技術の習得、健康維持が義務づけられている。飛行機の運航責任者として、客室乗務員や整備士、航空管制官とのコミュニケーションも大事な仕事だ。

安全で快適なフライトは綿密な準備から

　私は今、B767の機長をしています。今日は、パイロットの一日の仕事の流れからお話ししましょう。

　フライトのある日、私はパイロットのオペレーションセンターに出勤します。これをショーアップと呼んでいます。まずは当日便がスケジュール通りに運航されるかを確認し、健康チェックをします。スケジュールは1カ月前から決まっていますが、ANA便だけで一日約1000便のフライトがあり、天候やさまざまな理由で遅延が起こるため、変更はしょっちゅうあります。

　国内線の場合、一人のパイロットは一日3、4便飛びます。たとえば、東京→大阪→鹿児島→東京→北海道というスケジュールで、どこかで天気が悪くて30分ほど運航に遅れが出ると、最後の東京発の便に間に合わなくなります。代わりの飛行機とパイロットを用意しなければならない。複雑なパズルのように乗員のやりくりをしているのです。

　つぎにステーションコントロールと呼ばれる場所で、出発の準備が始まります。コンピュータで目的地の天気図を見ながら、どういうルートで、どの高度を取るか考えます。一日に何回も飛ぶので、時間の経過も想定。そして運航支援の担当者（→138ページ）とブリーフィングをします。彼らは「入道雲がここに発生しているので、このルートがいい」といった天気図の解析や、フライトから戻ったばかりのパイロットの、「この高度はゆれが少なかったよ」というような最新情報を伝えてくれ

ます。目的地の空港の滑走路の封鎖や工事、照明の故障といった現地の変更事情も確認します。同時に車椅子利用のお客さまはいらっしゃるかといった機内の情報も頭に入れます。これらを総合して、安全かつ快適で、燃費も抑えた運航を実現するためのフライトプラン（飛行計画書）を航空管制機関に提出。これを出さないと飛行機は飛べないのです。

　こうして出発の約40分前までに飛行機のコックピットに入り、整備状況の確認をします。操縦は私と副操縦士の2名一組で担当しますが、一人が機体の外部を点検し、もう一人が操縦機器のセットアップというように役割を分担。それから、客室乗務員と飛行計画や機内の保安状況について打ち合わせをします。お客さまが乗ってこられるのはそのあとで、出発の20分前くらいです。

コックピットから見る最高の景色

　最終的なセットアップを終え、航空管制からフライトプランの承認が届くと、いよいよ出発です。旅客機の操縦は、オートパイロットといってほぼ自動化されているのですが、離陸と着陸については人間が行いま

ショーアップ。今日のフライトが始まります

Interview!

す。離陸の推力や飛行方式など、副操縦士と入念に打ち合わせをします。

離陸後は、オートパイロットに切り替えるので、実際に人間が操縦するのは離着陸前後の5～10分くらいです。あとは常にゆれるエリアを避けるよう、外の雲やレーダーを見ながら操縦します。ひと息ついたら、お客さまにごあいさつです。

国内線は、沖縄便以外は2時間以内のフライトなので、あっという間に目的地が近づきます。着陸はパイロットにとって腕の見せどころ。また、飛ばし方しだいで、出発が10分遅れた便が定刻に着いたり、天気が悪くてもゆれを抑えた快適なフライトができたりします。

▶ パイロットのある1日 ◀

5時30分	出勤。当日便のフライト予定を確認。
5時40分	ステーションコントロールで、運航支援の担当者と目的地の天気などについてブリーフィング。
6時10分	空港ビルを出て飛行機へ。
6時20分	コックピットに入る。整備士や乗員との打ち合わせなどをする。
7時00分	飛行機を離陸させる。
8時50分	福岡空港着。
9時30分	那覇空港に向けて出発。
11時00分	那覇空港着。
11時40分	中部国際空港に向けて出発。
14時10分	中部国際空港着。
15時00分	勤務終了。この日は名古屋で宿泊。

※国内線の場合、1日3、4便のフライトを担当。2泊3日のローテーションが基本。
※一例です。

さあ、出発！

目的地に到着すると、約40分後にはまた出発することになります。いったん飛行機を降り、ステーションコントロールで1便目と同じように、天気や目的地の空港の情報を再確認します。出発20分前には機内に戻りますから、実質20分ほど。分刻みの時間に追われる日々です。昼食はたいてい飛行中に副操縦士と交代で取ることになります。

パイロットになってよかったなと思うのは、コックピットから見る景色が最高なことです。全面ガラスでさえぎるものがない。国際線だとオーロラが見えたり、雷がピシャッと空を走ったり、流れ星がつぎつぎに降ってきたり。国内線もすばらしいですよ。日本の風景は変化に富んでいて、南アルプスや富士山、沖縄の青い海と島々、珊瑚礁まで見えるのですから。刻々と変わる景色に感激します。

空を飛ぶ喜びを後輩に伝えたい

はじめて旅客機を操縦したのは副操縦士になった1997年です。貨物機も担当し、国際線と国内線の搭乗は半々くらいです。新人のころは無我夢中でした。国内だけでも50以上の主な空港があり、着陸の進入方

飛行中も計器のチェックが欠かせません

式が違うのです。日本の気象は亜熱帯から亜寒帯まで世界の縮図みたいで、四季を通して経験しないと天気の特性もわかりません。

　私は一から訓練してパイロットになりました。入社後2年間は地上勤務をし、その後約3年間は訓練と猛勉強の日々です。パイロットの世界は、国家試験と訓練の連続なんです。機長になった今でも半年に1回のシミュレーター試験と、一年に1回の路線別試験があるんですよ。

　ANAグループには現在、約2500人のパイロットが在籍していますが、一年に1回、「航空身体検査」が義務づけられています。大勢の乗客の命を預かるパイロットは、心身の健康がとても重要なんです。それをベースに、何ごとがあっても動じず、冷静に落ち着いていられるようなタフな精神や瞬時の判断力が求められる仕事です。

　私はパイロットという職業をほんとうに愛していますし、やりがいのある仕事だと思っています。最初の基礎訓練をアメリカで行ったのですが、そのとき尊敬できる一人のアメリカ人教官に出会いました。そこで学んだことや自分が経験してきたことを後輩たちに受け継いでもらいたい。まだ現役の仕事は長く続きますが、将来は教官になって若いパイロット志望者に、空を飛ぶ喜びを伝えたいと思っています。

パイロットになるには

どんな学校に行けばいいの？

　パイロットになるには、大きく2つの道がある。航空大学校を卒業した後、パイロット候補として航空会社に採用される場合と、一般の大学を卒業後、航空会社に入社し、自社養成のパイロットとなる場合だ。一部、自衛隊出身者や大学の航空学部の卒業生もいるが、入社後、国家試験や訓練の日々が続くのは同じだ。

どんなところで働くの？

　飛行中を除くと、パイロットが出入りするのは、空港内にあるパイロットのオペレーションセンターと、ステーションコントロールと呼ばれる運航支援の担当者と打ち合わせをするスペースなどだ。連絡フロアはB767、B787など機種ごとに分かれている。基本的に、機長と副操縦士の2名一組で働く。

Chapter 4　飛行機の中ではどんな人が働いているの？

働いている人に Interview! ⑧
客室乗務員

お客さまの安全を守り、
快適な空の旅を実現するために、
機内サービスを提供する仕事。

森岡 綾さん
（もりおか あや）

2010年ANA入社。外国語専門学校のエアラインコースを卒業。小さなころから飛行機に乗る機会が多く、客室乗務員になる夢は物心ついたときからあり、中学校の卒業前には決めていた。「お客さまの旅の思い出に色をつける。そんな仕事にたずさわれることが喜びです」

Interview!

客室乗務員ってどんな仕事？

客室乗務員は一見華やかなイメージがあるが、お客さまの安全を守る保安要員としての役割がもっとも大切だ。そのために、行き届いた観察力や的確な判断力が求められている。体力も必要だ。また、お客さまに直に接してサービスを行うので、身だしなみや立ち居ふるまいにも気をつけなければならない。

サービス要員と保安要員の2つの顔

　客室乗務員には、サービス要員と保安要員という2つの顔があります。サービス要員の顔は、お客さまに食事や飲み物を出したり、気分を悪くされた方のケアをしたりというもの。保安要員の顔は、安全運航にかかわる仕事で、常に機内のいろいろな場所に目を配って安全確認すること。もし緊急事態になった場合、お客さまの命を助ける仕事です。

　ある一日の搭乗業務の仕事の流れから説明しましょう。

　出勤時間は毎日違うのですが、たとえば国内線の朝7時20分発のフライトの場合、出勤は5時半くらいです。着替えや調べものをすませ、6時20分からブリーフィングデスクという場所に集まり、同じフライトのメンバーと打ち合わせをします。主に、その日のフライトの注意事項やお客さまに関する情報を確認します。

　ブリーフィングが終わると、飛行機に向かいます。空港の大きさや機材によっても違いますが、たいてい20〜30分前には機内に入ります。最初にするのは安全確認です。機内が問題なく安全に運航できる状態にあるか、客室乗務員ごとに担当するエリアを決めて、確認して回ります。それからパイロットと確認事項の打ち合わせをします。その後、機内に搭載された飲み物や食事のカートを所定の位置に運び、速やかにサービスが開始できるように準備します。すべて完了したころ、いよいよお客さまが乗ってこられます。

　お客さまが乗られたら、保安の観点から不審な人物はいないか、気分

の悪そうな方はいないか、お身体の不自由な方がいらした場合、どの席にいらっしゃるか、お子さま連れの方は……といったことを確認。そして機体のドアが閉まると、客席の頭上にある荷物入れの扉がきちんと閉まっているか確かめ、緊急避難の脱出口や救命胴衣のつけ方をお客さまに説明します。その後、私たちも着席していよいよ出発です。

飛行機が水平飛行に移ると、パイロットがベルト着用のサインを消します。そこからサービス業務の開始です。これらの手順はフライト時間に合わせて目安を決めています。国内線では到着約10分前には着陸態勢に入るので、それまでに離陸時と同じように安全確認をすませます。

仕事のベースは保安要員として

私たちの仕事は、お客さまからするとサービス要員の側面ばかり目につきやすいと思いますが、実際には保安要員の仕事がベースなんです。

特に離着陸時に私たちが確認を怠れば、頭上の荷物が落ちてきたり、キッチンから食事のカートが飛び出したりと、お客さまにケガをさせてしまうことになります。荷物のひもがはさまっているだけでも扉が開い

フライト前には乗務便の情報を確認します

Interview!

てしまうことも。地上や飛行中に比べ、離着陸中の機内は強い重力が働き、機体も傾いているからです。

緊急事態が発生したとき、たとえばエンジンに鳥が入ったとか、飛行機が激しくゆれたときなどは、インターフォンでパイロットや乗務員同士がすぐに対策を話し合います。ゆれに関しては、当日の天気や飛行計画で事前にわかっていることが多いですが、飛行中も雲の動きを見て予測することもあります。また五感を働かせて、機内の音や燃料臭なども気にしています。床下で異常な音がしたら機材に不具合があるかもしれません。気がついたことは、毎回レポートで整備士に報告します。

▶ **客室乗務員のある1日** ◀

5時30分	出勤。制服に着替え、その日のスケジュールを確認する。
6時20分	ブリーフィングデスクに集合。同じフライトの乗員同士で出発前の打ち合わせをする。
6時40分	空港ビルを出て飛行機へ。
6時50分	機内に入る。まず機内の安全確認。搭載や清掃係との連携、パイロットとの打ち合わせなど。
7時00分	お客さまが機内に乗ってくる。
7時20分	松山空港に向けて出発する。
8時55分	松山空港着。
9時35分	羽田空港に向けて出発。
11時00分	羽田空港着。機内で食事。
12時30分	福岡空港に向けて出発。その後、福岡空港から中部国際空港へ。
16時45分	勤務終了。名古屋で宿泊。

※国内線の場合、1日3、4便のフライトを担当。
※一例です。

フライト前のブリーフィング

整備士には、上空で備品が壊れたときなど、事前にパイロット経由で状況を伝えて、地上にいるわずかな時間で修理してもらいます。ほかにも、グランドスタッフとの細かいやりとりはもちろん、食事を搭載する業者や清掃係との連携も大切です。

私たちは国内線だと一日平均3、4回フライトをこなし、その日の最終目的地のホテルに泊まり、翌朝からすぐ仕事。国際線でも香港便など中距離路線では日帰りなので、日が昇る前に家を出て、日が暮れて帰宅するという日もあります。一日何十回も機内の通路を往復していると、「靴を脱ぎたい！」と思うことも（笑）。体力的にはきつい仕事ですね。それだけに、体調管理は大事です。シフト勤務で出勤時間もバラバラ、宿泊場所も毎日変わるので、睡眠と食事には特に気をつけています。

お客さまの喜びに癒されて

羽田・千歳便の乗務を担当していたときのことです。30代のビジネスマンの方が最前列の席にいらしたのですが、ひどくお疲れのごようすでした。「体調がお悪いのですか？」と話しかけても目を閉じたまま「い

快適な空の旅のお手伝いをします

Interview!

や、だいじょうぶ」としかお答えにならないし、食事や飲み物も手をつけられない。結局、その方に喜んでいただけるサービスは何もできないまま、着陸態勢に入ったのです。そこで、私は何かできることはないかと考え、チーフパーサー（サービス責任者）に相談して、袋にクッキーとペットボトルを入れ、お手紙を書いてお帰りのさいにお渡ししました。

数カ月後、その方からお手紙をいただいたんです。その日、袋の中身に気がつかれたのはバゲージ・クレーム（預け入れ手荷物の引き渡し場所）に着いたときだったそうで、感謝のお手紙でした。すごくうれしかったですね。私はその手紙をいつもフライトに持ってきているんです。お守りみたいなものです。お客さまに喜んでいただけたことを実感できたとき、自分自身の疲れも癒されるし、やる気も出てくるんです。

この仕事は、学ぶことがたくさんあります。最近、私は国際線にも乗り始めて、国際線用の機内食や飲み物の品質管理を勉強しています。語学力の向上も必要です。お客さまに喜んでいただくためには、微妙なニュアンスを理解できなければ務まりません。国際線もまだ中距離便しか飛んだことがないので、これからはロサンゼルス便などの長距離便のサービスの勉強も行い、どんどんチャレンジしていきたいです。

客室乗務員になるには

どんな学校に行けばいいの？

　客室乗務員になるには、大学や専門学校を卒業してから、航空会社に客室乗務員として採用されなければならない。人気の職業だけに、採用試験の倍率は高い。特別な資格は必要ないが、英語力はしっかり身につけておいたほうがよい。採用後にさまざまな社内資格を取得しながら、ステップアップしていく。

どんなところで働くの？

　客室乗務員はほとんどの時間を国内線や国際線の機内で過ごすことになるが、フライトの前後には空港内にあるオフィスで、フライトやお客さまに関する情報の収集やブリーフィングを行う。乗員数は、機体の大きさや乗客数によるが、4〜12名くらい。同じフライトのチームとして働くことになる。

Chapter 4　飛行機の中ではどんな人が働いているの？

働いている人に Interview! ⑨
ケータリング

機内食のメニューを考え、
衛生に気をつけながら調理し、
飛行機に搭載(とうさい)する仕事。

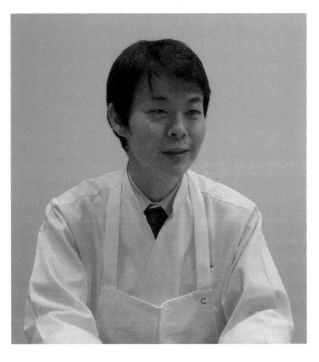

阿久津(あくつ) 仁(ひとし)さん

2006年株式会社ANAケータリングサービス入社。高校卒業後、調理専門学校で学び、懐石(かいせき)料理の店で6年間和食の調理師として働く。日本の食文化を広く知ってもらいたいとの思いから、ケータリング会社に転職した。「最初に工場を訪ねたとき、機内食のレベルが高くて驚(おどろ)かされました」

Interview!

ケータリング(調理師)ってどんな仕事?

ケータリングは、機内食をつくり、ドリンクなどをセットして飛行機に搭載する仕事だ。機内食は洋食や和食だけではなく、お客さまのニーズに合わせて、メニューの種類はさまざまだ。つくってから食べるまでの時間が空くため、調理法に気を遣い、衛生面の管理は徹底している。

一日約1万食分の機内食をつくる工場で

私が働いているのは、成田空港のそばにあるANAケータリングサービスの工場です。ANAグループの国際線だけでなく、委託契約している外国の航空会社などの機内食もつくっています。工場で働くスタッフは調理部門のほかに、メニューを企画する部門や食材の仕入れを管理する部門、飛行機に機内食を搭載する搭載部門などに分かれています。パートタイマーの従業員も含めて、工場全体で約600名が働いています。

私は調理部門で和食の調理を担当しています。和食には3つのセクションがあります。「八寸」といって海や山の幸を盛り合わせたつけ合わせの調理などの担当、「板場」といってお刺し身の切り出しや魚の仕込み担当、「煮方」といって煮る・焼く・揚げる調理の担当です。私は板場で、8名の調理師といっしょにローテーションで仕事をしています。

機内食とひと口にいっても、エコノミーやビジネス、ファーストといったクラスによってメニューが違いますし、アレルギーがある方向けや、宗教的な理由で特定の食材を使用しなければならないスペシャルメニューもあります。パイロットや客室乗務員専用の乗員食もあり、メニューは路線ごとに分かれています。大きく中国、東南アジア、欧米方面の3つですが、それぞれ便によってメニューは細かく分かれています。

この工場では一日約1万～1万2000食分、欧米方面は長時間のフライトなので2食分積み込みますから、約7000名分の機内食をつくっています。

私は以前、懐石料理店で働いていたのですが、仕事の違いは、衛生管理が徹底されていることです。調理エリア内は厳重な防菌態勢で、ほこり取りやアルコール消毒、エアシャワーなどの細かい手順が決められ、ゴミや菌を外部から持ち込まないための徹底した工夫がされています。1時間に1回の手洗いや、帽子やマスクの着用など、身につけるものも管理されています。おかげで、ICQA という機内食の品質や衛生面のすぐれたケータリング会社を選ぶ国際的な審査で、2008年から2010年まで3年連続アジア太平洋部門で金賞を受賞しているんですよ。

季節感を大切にした年4回のメニューづくり

調理のやり方についても、ふつうのお店とは大きく違うところがあります。つくってその場で食べてもらうお店とは違い、機内食は工場でつくってから機内に載せて上空に飛んでと、食べるまでに相当時間がある。長距離便の場合、24時間後に食べることもあります。ですから、魚や肉料理などは機内で客室乗務員が調理したとき、はじめておいしくなるように工夫しています。また食中毒になったりしないように、お刺し身

和食のかつらむきをしています

Interview!

はこぶ締めにし、表面を軽くあぶるなどひと手間加えます。

　上空で食べることを考えて、料理の味つけも少し変えています。上空は気圧が低く、空気も乾燥しています。地上と比べると味覚が薄く感じられるようなので、少し濃いめの味つけにしているんですよ。

　機内食のメニューは、基本的に料理長が考えて、約半年先までメニューが決まっています。その理由は食材の購入の都合もありますが、ホームページに載せるメニューの撮影や、客室乗務員に機内で調理してもらうための手順をマニュアル化する準備などがあるためです。

　メニューは３カ月サイクルで変

▶ケータリングの調理師のある1日◀

5時30分	出勤。白衣に着替え、アルコール消毒、エアシャワーなどの防菌作業後、和食の調理場へ。1日の提供食数のチェックなど。
6時00分	1回目のお刺し身の下処理（機内で食べるまでに時間があるため、お刺し身の切り出しは1日2回）。
8時00分	板場の仕事が始まる。1回目のお刺し身の切り出しなど。
10時00分	スタッフ全体のブリーフィング。
10時30分	板場の仕事の続き。
12時00分	休憩。昼食。
13時00分	板場の仕事。2回目のお刺し身の下処理。切り出しなど。
14時30分	同じシフトのスタッフと終業ブリーフィング。当日の反省点や報告など。
14時45分	勤務終了。退社。

※工場は長時間稼動しているためシフト勤務。

洋食の盛りつけ

わります。私たちは日本の航空会社ですから、季節感を大切にしているんです。たとえば、お正月限定のおせち料理や七草がゆ、春は山菜、四季を通じて旬の魚を使うなど、伝統的なものから創作メニューまでいろいろありますよ。人によって好みが違うので難しいのですが、日本のお客さまだけでなく、外国のお客さまにも受け入れられやすいメニューづくりも心がけるようにしています。

和食という日本の文化を伝えたい

　私は仕事上、直接空港の関係者と接する機会はありませんが、飛行機に機内食を搭載する搭載部門は客室乗務員と日々連携しています。

　実際にお客さまにお会いすることはないのですが、客室乗務員から定期的に機内食に関するお客さまの声を伝えるレポートが届きます。「このメニューはおいしかったよ」という声があると、がんばってよかったなと心から思います。特に自分がたずさわっているお刺し身に、おほめの言葉をいただけるとうれしいものです。わが社の企業理念は「その先の笑顔のために」ですが、ほんとうにその通りなんですよ。

エコノミークラスの和食

Interview!

　今後の目標として考えているのは、商品開発室という部門で海外のケータリング会社のメニュー開発や技術指導にたずさわる仕事です。というのも、私たちがつくる機内食は日本発の便に搭載する分だけで、帰国便は外国のケータリング会社でつくったものを載せています。しかし、日本の航空会社である以上、和食のご提供にさいして品質を落とすわけにはいきません。外国で入手できる食材は限られ、お米も日本と種類が違います。そのお米をどう工夫しておいしく調理するか。日本のお客さまに満足して食べていただくのは難しい仕事ですが、先輩たちは何カ月かに1回、海外出張に行って現地のケータリング会社のスタッフといっしょにメニューを仕上げています。ぜひ私も挑戦してみたいですね。

　もうひとつの目標は、料理長に採用してもらえるようなメニューを提案することです。仕事の合間にいつもアイデアを練っているんですよ。

　ケータリングの仕事には、一般の調理師とは違ったさまざまな場面があり、やりがいがあります。根本は料理好きで、お客さまに食べていただくのがうれしいという私ですが、海外に行くチャンスもあるので、仕事の広がりを感じています。また、和食という日本の文化のいいところを外国の方に伝えたい。そういう思いも自分の中にはあるんです。

ケータリングの調理師になるには

どんな学校に行けばいいの？

　機内食をつくるケータリング会社には、商品開発や食材の仕入れ管理、搭載業務など、いろいろな仕事がある。調理師になりたい場合は、調理師専門学校で勉強し、採用試験を受けて調理師として就職することになる。ホテルやレストラン、懐石料理店などで修業した後、転職するケースも多い。

どんなところで働くの？

　ケータリング工場は、国際線の就航する全国の空港に近い場所にある。工場内は大きく調理部門と搭載部門に分かれる。調理部門は完全防菌態勢で、洋食や和食、工程ごとにいくつかのエリアに分かれ、それぞれ担当する調理師と、機内食として盛りつけするスタッフなどが働いている。

ほかにもこんな仕事があるよ！

チーフパーサー

どんな仕事？

　機長（パイロット）は飛行機の運航責任者で、飛行機を安全に目的地まで飛ばすことが使命だが、チーフパーサーは機内で働く数名から十数名の客室乗務員をまとめて、乗客の安全で快適な空の旅を演出する。つまりは客室の責任者だ。広い視野で機内を見渡し、忙しいときには率先して動く。国際線の場合は外国人の乗客も多いため、英語をはじめとした外国語に精通していることも必要だ。

この仕事に就くためには？

　まずは航空会社の客室乗務員をめざそう。客室乗務員として採用されると、一定の訓練期間を経て現場に出る。サービス要員と保安要員としてのキャリアを積んで社内の資格を取得すると、チーフパーサーになれる。

副操縦士

どんな仕事？

　飛行機の操縦や航空管制官との無線交信にたずさわる。離陸前には飛行機のシステムが正常に動いているかを確認し、飛行中も常にモニターをチェックして、安全で快適なフライトの実現に従事する。飛行機の運航責任者である機長の補佐をし、機長の指示のもと、機長業務の代行をすることができる。通常は、機長と副操縦士が1名ずつ乗務して操縦を行う。コーパイと呼ばれることもある。

この仕事に就くためには？

　航空大学校を卒業した後、パイロット候補生として航空会社に採用される。または、一般の大学を卒業後に航空会社へ入社し、自社養成のパイロットとなる道もある。一定の訓練を受けて国家資格を取得すると、副操縦士としてのパイロット人生が始まる。

Chapter 5

空港を支えるために どんな人が 働いているの？

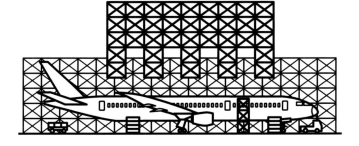

Chapter 5　空港を支えるためにどんな人が働いているの？

空港を支える仕事を Check!

安全で快適なフライトのため
裏方として
がんばっている人たちがいる。
空港見学の最終日は、
空港を支える人たちに
会いに行こう。

　空港見学の最終日は、ふだんはあまり見ることのない裏方の人たちの職場だ。最初に訪ねたのは、空港の近くにある整備工場。格納庫の中に並んだ飛行機のまわりで、多くの航空整備士が働いていた。そのようすを眺めているふたりの前に、工具箱を手にした作業服姿の男性が現れた。

飛行機の定期点検

　航空整備士「こんにちは。ここははじめてですか？」
　松本くん「はい。大きな工場で驚きました！」
航空整備士「飛行機の整備は、大きくライン整備とドック整備に分かれていますが、ここでの作業がドック整備と呼ばれるものです」
　大石さん「初日にライン整備の方にお話を聞きました」

航空整備士「それならそれぞれの違いはわかっていますね。駐機場で飛行機の出発前に安全点検をするのがライン整備、**格納庫に機体を運んで定期点検をしたり、じっくり整備を行うのがドック整備**です」

松本くん「定期点検ではどんなことをするのですか？」

航空整備士「定期点検には、半日程度で終わる軽いものから1カ月以上かかる重いものまであります。一定のフライト時間に達した飛行機は定期的に点検することが決められているのですが、大がかりなものとしては、2年に1回、機体からパネルなどを取り外して、中を点検し、問題があるパーツは修理・改修します」

大石さん「健康診断や人間ドックと同じようなものですね」

航空整備士「そうです。もっとも重い定期点検の流れを説明すると、まず格納庫にドックインした飛行機に足場をセットして、機体をくまなく点検。故障個所がないか確認します。特にエンジンは胃カメラのような小型カメラで詳細に調べます。飛行機にはコンピュータや発電機、油圧機、空圧機器など、さまざまな装備がありますから、見つかった不具合や故障を修理し、必要に応じて交換します。また客室内の装備品を取り外し、新しい装備を入れ換えます。最後にエンジンを含めた作動点検を行い、問題がなければドックアウトといって、再び空港に戻されます」

機体をじっくりと点検するドック整備

松本くん「その飛行機はトーイングタグで牽引(けんいん)されるんですね」

すべて手仕事の世界

松本くん「ところで、その工具箱には何が入っているんですか？」
航空整備士「私たちの仕事は基本はすべて手仕事です。パーツを交換(こうかん)するため、ボルトを一つひとつ外すのに使う工具など一式が入っています」
大石さん「あんなに大きな飛行機の整備でも工具を使うんですね」
航空整備士「ただし、**飛行機のパーツはエンジンだけでも5、6トンあって、一人の人間が運べるようなものではありません。**整備するパーツ別に人員を分け、チーム編成してから作業を始めます」
松本くん「一日のスケジュールはだいたい決まっているんですか？」
航空整備士「出勤したら、その日の作業工程を確認し、チームごとに打ち合わせをします。危険がともなう仕事ですから、チームワークがとても大事です。おたがいに意思疎通(そつう)ができるよう常に気を配っています」
松本くん「どんなときにやりがいを感じますか？」
航空整備士「やっぱり自分の整備した飛行機が元気に飛び立っていく姿を見るときがいちばんうれしいですね」

> **コラム** **機体工場見学**
>
> 　羽田空港（東京国際空港）に隣接した整備工場「ANA機体整備工場」では、飛行機の定時点検や整備を実際に行っている。そこでは、ボーイング777や787、767などの大型機、中型機を整備するようすを見学できる「機体工場見学」を公開していて、人気を呼んでいる。
> 　「機体工場見学」では、最初に飛行機と整備についてのレクチャーを受けて、整備関連についてのビデオ上映を観てから、整備工場で点検・修理中の飛行機の見学に出かける。見学は予約した時間に合わせて団体で行う。
> 　問い合わせは、ANA機体メンテナンスセンター見学担当（〒144-0041 東京都大田区羽田空港3-5-4）まで。予約はホームページ（http://www.ana.co.jp/cp/kengaku/）でも受けつけている。

快適な空の旅ために

　つぎに訪れたのは、昨日パイロットに話を聞いた空港ビル内の**ステーションコントロール**。パイロットに天気情報を伝える運航支援のスタッフに会うためだ。一人の女性がそばに歩み寄ってきた。

運航支援者「こんにちは。昨日もここに来てましたね。見てい

ステーションコントロールで情報を提供

ましたよ。**ここは私たち運航支援のスタッフが、出発前のパイロットに安全で快適な運航のための情報を提供する場所**です」
松本くん「それはどんな内容ですか？」
運航支援者「快適な運航のために大切なのはどんなことだとパイロットが話していたか、おふたりは覚えていますか」
松本くん「ゆれない飛び方をすることだと聞きました」
運航支援者「お客さまに快適な空の旅を楽しんでいただくためには、それがもっとも大切なことです。**飛行機のゆれには、風の向きや強さ、雲の高さなど天候状況が大きく関係**します。だから、私たちは気象庁が配信する天気図を見ながら、その日の飛行ルートではどのあたりの風が強いか、雲がかかっていそうかなど、ゆれが起こりそうなポイントを中心にパイロットに最新情報を伝えます」
大石さん「天気に関する専門的な知識が必要ですね」
運航支援者「天気図を解析する知識は確かに必要ですが、それ以外にもさまざまな情報を提供します。たとえば、その便のお客さまに車椅子利用の方がいらっしゃるとか、目的地の空港で工事が行われているとか。こうしたこともすべて安全な運航のためには大切な情報です」
大石さん「私は今回はじめて空港に運航支援の部署があることを知りま

航空業界のはじまり

　アメリカのライト兄弟が飛行機を発明し、世界ではじめて空を飛んだのが1903年のこと。1909年には、世界最初の航空会社であるドイツのDELAG社が設立され、翌年には飛行船による運航が開始された。
　一方、日本ではじめて飛行機が飛んだのは1910年。1922年には、日本航空輸送研究所が大阪—徳島、大阪—高松間で郵便輸送を開始した。その後も、日本国内の定期旅客便や国際線が開設されたが、1941年の太平洋戦争により、民間の航空活動は休止となる。終戦後、1951年に日本航空が誕生し、1952年には全日本空輸（ANA）の前進である日本ヘリコプター輸送が、1953年には東亜航空が設立された。日本の航空産業の新たな幕開けとなった。

したが、裏方としてとても重要な仕事なんですね」

正確な到着時刻を予想する

運航支援者「運航支援の仕事には、先程のパイロットに情報を提供する**ブリーフィング**と呼ばれる仕事以外にも、**機内の乗員と無線でやりとり**

Chapter 5　空港を支えるためにどんな人が働いているの？

するラジオという仕事、到着時刻を予測するモニターという仕事などがあります」

松本くん「ラジオというのはどんな仕事ですか？」

運航支援者「飛行中、突然ゆれが発生したパイロットから無線で連絡が入るときがあります。天気は刻々と変わるので、飛行位置を確認し、リアルタイムの天気の状況を伝えることで運航を支援します」

大石さん「モニターというのは？」

運航支援者「私たちは交替で、機内の乗員や航空管制官の無線のやりとりを聞くようにしています。そこから各便の到着時刻を予想して空港関係者にいっせいに伝えるようにしています」

松本くん「どうしてそんなことをするんですか？」

運航支援者「飛行機は天候や空の混雑によって定刻通りに到着するとは限りません。しかし、グランドハンドリングや整備士などのスタッフには、効率よくスタンバイしてもらう必要があるからです」

大石さん「もし飛行機が遅れたら、お客さまを待ち受けるグランドスタッフ、貨物や機内食を搭載する人たちにも影響が出ますね」

松本くん「分刻みでたくさんの飛行機が離着陸していくから、自分の担当する便が何時に到着するのかということを、遅れるという情報も含

めて正確に知ることが大切なんですね」
運航支援者「すべての仕事はつながっていますからね。飛行機の遅延はお客さまへのご迷惑になりますから、空港で働く全スタッフは一致団結して遅延を少なくするよう努力しているんです」

お客さまの問い合わせ係

　４日間かけて行ってきた、空港で働く人たちへのインタビューも、とうとうこれで最後。松本くんと大石さんの中学生コンビが訪ねたのは、空港から少し離れた都心のオフィスだ。そこは、乗客からのさまざまな問い合わせや予約の電話に対応してくれるコミュニケーターのしごと場。オフィスの入り口に現れたふたりの姿を見つけると、一人の女性が席を立って近づいてきた。

　コミュニケーター「こんにちは。お待ちしていました」
　大石さん「みなさんとても忙しそうですね」
松本くん「こんなにたくさんの人たちが電話を受けていたんだ……」
コミュニケーター「**私たちの仕事は、ここで一日お客さまからの電話に感謝の気持ちをもって向き合うこと**です。内容はさまざまです。たとえ

ば、機内に持ち込める手荷物の重量や運賃に関するお問い合わせ、最新の機内サービスの情報、お子さま用の食事に関するお問い合わせなど多岐にわたります」

大石さん「問い合わせ以外にはどんな電話がありますか?」

コミュニケーター「**渋滞に巻き込まれてフライト時間に間に合いそうもないのでどうしよう、という電話がかかってくる**こともあります。海外からの緊急電話もよくあります。海外旅行中、ケガや病気をされたとか、悪天候のため欠航になったお客さまからの相談です」

松本くん「そういえばこの前、父が海外出張に行ったとき、悪天候のせいで欠航になって、帰国が1日延びるということがあったな」

コミュニケーター「そういうとき、帰りの便の手配を相談される方もいますし、ご家族の方が心配して電話をかけてこられることもあります」

大石さん「外国人の方からの電話もありますか」

コミュニケーター「もちろんです。私の英語力はまだ十分ではありませんが、外国のお客さまでも予約画面をパソコンで見ながらお話しできるので、たいていは問題ありません」

大石さん「電話の応対で気をつけているのはどんなことですか」

コミュニケーター「大事なのは、笑顔でお話しするということです。た

> **コラム　航空券のインターネット予約**
>
> 　航空券の予約や購入は、航空会社や旅行会社のオフィスに直接行くか、電話で行うことができるが、最近になって一般化しているのは、航空会社や旅行会社のホームページで予約を行い、クレジットカードなどで決済する方法だ。
>
> 　そのため、航空会社にかかってくる予約の電話は少なくなった。それでも、日程の変更や予約の取り消しといった手続きは、電話が使われることが多い。また、あまり一般的に知られていないめずらしい海外の観光地に行きたい……というような旅行慣れしたお客さまからの電話もある。コミュニケーターの仕事には、このように旅行相談も含まれる。
>
> 　どんなに航空券のインターネット予約が普及しても、親身になってお客さまの相談に対応してくれる限り、電話による問い合わせはなくならないのだ。

とえお顔の見えない相手でも、この方のためにお役に立ちたいという思いは、笑顔で話すと伝わるものなんです」
大石さん「今日お会いした整備士や運航支援者もそうでしたが、コミュニケーターのみなさんも、お客さまからは直接見えなくても**陰ながら空港を支えている**んですね」
松本くん・大石さん「お話ありがとうございました」

Chapter 5 空港を支えるためにどんな人が働いているの？

働いている人に Interview! ⑩

航空整備士

不具合が発生した飛行機や
定期点検のため
格納庫で機体の整備を行う仕事。

さくむらきょうすけ
作村 享 佑さん

2008年ANA入社。大学で航空宇宙工学を学ぶ。子どものころから飛行機好きで、学生時代は鳥人間コンテストに出たこともある。パイロットになるか整備士になるか迷ったが、もともと機械いじりが好きだったので、整備士をめざす。「整備の仕事には、忍耐強さが必要です」

Interview!

航空整備士(ドック整備)ってどんな仕事?

航空整備士(ドック整備)は、ひと言で言えば「飛行機のお医者さん」だ。飛行機が到着するたびに行うライン整備では解決できなかった、装備の故障の修理やパーツの交換を行ったり、約2年に1回の機体の定期点検を行ったりする。これは「飛行機の健康診断」といえる。

格納庫で機体の定期点検を行うドック整備

整備の仕事は、ライン整備とドック整備に分かれます。ライン整備は飛行機が到着するごとに機体をその場で点検するのに対し、ドック整備は整備場の格納庫に機体を入れて定期点検や改修をじっくり行います。

私はドック整備の部署に所属しています。ドック整備にはA整備という軽い整備とC整備という重い整備があります。私はいちばん重い整備を担当しています。軽い整備というのは、発電機の循環オイルを交換したり、脚柱にグリースを塗って滑りをよくしたりというようなものですが、重い整備というのは、エンジンのような巨大な機体の一部分を取り外して、中を点検し、洗浄し、取りつけるというような作業になります。場合によっては、エンジンそのものを外して新しいものに取り換えることもあります。

飛行機の定期点検は、約2年に1回、機体をただの筒になるまで取り外し、それぞれのパーツを洗浄し、必要に応じて修理・改修するところまでやります。1機で約1カ月はかかりますね。ANAでは機体工場見学ツアーを一般の方に公開していますが、そこでは整備士のことを「飛行機のお医者さん」として紹介しています。定期点検は「飛行機の健康診断」といえますね。

私たちの仕事は早番、遅番、夜勤のシフト制です。夜勤の場合は、ライン整備で急に見つかった機体の不具合の修理が回ってきて、夜中のうちに直してしまわなければならないという緊急対応もよくあります。

昼間の勤務は、基本的にその日の作業スケジュールがあらかじめ決まっていて、作業チームを編成して仕事に取り組みます。

エンジン交換(こうかん)の仕事の流れ

エンジン交換(こうかん)のケースで、一日の仕事の流れを追ってみましょう。

早番の場合、8時20分に朝礼が始まり、みんなでラジオ体操をします。そしてチーム別に分かれて作業工程の確認のブリーフィングをします。作業によってチームの人数は違(ちが)います。大がかりなものでは100名規模ですが、5名くらいの場合もあります。エンジン交換(こうかん)だと10名ほど。それから午前中いっぱいをかけて、エンジンの取り外しにかかります。

機種にもよりますが、エンジンはひとつで5、6トンはあります。エンジンのまわりには燃料やオイルを送るラインがあり、一つひとつ外していきます。午前中はここまでです。

午後は作業の前には、腰痛防止体操をやるのが決まりです。なにしろ重いものを扱(あつか)うので、みんなで声を出してしっかりやります。

もし取り外したエンジンの分解や洗浄(せんじょう)、検査をするのであれば何日も

エンジンを点検

かかりますが、オーバーホールずみのエンジンを取りつけるだけなら、その日の16時には作業は終わります。それから1時間かけて、エンジンが正しく動くかチェックします。

　今の飛行機はよくできていて、正しく作動しないとエンジンが勝手に止まるようになっています。一見動いているようでも、コックピットの計器に表示される数値やシグナルを見ながら正常かどうかを確認します。エンジン機能はコンピュータでコントロールされていて、何か不具合があるとメッセージが出ますが、どこにエラーがあるのかわからないときもあります。その場合、もっている知識をフル活用して、一つずつエラ

▶航空整備士（ドック整備）のある1日◀

8時20分	朝礼。ラジオ体操。
8時40分	作業チーム別に分かれて、1日の工程の確認のための始業ブリーフィング。
9時00分	エンジンの取り外しの作業に取りかかる。
12時00分	休憩。昼食。
13時00分	腰痛防止体操。
13時20分	新しいエンジンの取りつけ作業に取りかかる。
16時00分	エンジンの取りつけ終了。エンジンが正しく動くかチェック。
17時20分	終業ブリーフィング。1日の仕事をふり返り、し忘れた作業や終わらなかった工程をつぎのシフトの整備士に申し送りするため、引き継ぎをする。
17時40分	勤務終了。退社。

※羽田空港は24時間運用のため交替制のシフト勤務。

機体の脚部をチェック

ーの可能性をつぶしていきます。そういうトラブルシュートも整備士の仕事です。あたりまえかもしれませんが、飛行機のメカニズムは、パイロットより私たち整備士のほうが知識があるんですよ。免許がないので飛ばすことはできませんが、飛ばせるだけの知識はもっています。

とはいえ、私たちの仕事は、基本的に手仕事です。軍手をはめて工具を使ってボルトを外すことから始まります。それから、もうひとつ大事なのはチームの意思疎通とコミュニケーション。たいていの飛行機のパーツは一人の人間が運べるようなものではなく、みんなで「せーの！」と声を合わせながら助け合って降ろさなければならないのですから。

17時過ぎには終業ブリーフィングで、一日の仕事をふり返ります。忘れた作業はないか確認し、終わらなかった作業をつぎのシフトの整備士に申し送りするため、引き継ぎをします。これで業務終了です。

自分が直した飛行機が飛び立つのがうれしい

ドック整備では、時間に追われる仕事は比較的少ないのですが、入社4年目のころ、はじめて上司から一人で任されたのがたまたまラインの

整備中の飛行機

仕事で、すごく緊張したことを今でもよく覚えています。

　飛行機が着陸するときに使われる、主翼の上面にあるスポイラーという装備を立ち上がらせるための油圧のパーツを交換するのが仕事でした。それは貨物機で、早朝に格納庫に入ってきて夜中には飛ばなければなりません。もし昼間のうちに直らなかったら大変。作動油の通るチューブのナットがパーツに固着していてすぐに取れなくて苦労しました。もう焦ってしまって……。今であれば3、4時間で終わる作業ですが、当時は丸一日かかってしまいました。

　実際、飛行機というのは機種や製造年が同じでも、手のかかるやつもいるし、わがままなやつもいます（笑）。一生懸命やっているのに直らなかったりすると、なんでだろうと思います。それでも、自分が直した飛行機が、元気に空港を飛び立っていく姿を見るのはうれしいです。それぞれ機番があるので、どれがたずさわった機種かわかるんですよ。

　だから、休みの日に飛行機に乗っていても、いろいろ気になるんです。機体のどこかで変な音が聞こえると、「今なぜこんな音がしたのだろう」と思ったり、機内がガソリン臭くないかと妙に気になったり……。一種の職業病ですね。一人の乗客ではいられなくなってしまうんです。

航空整備士（ドック整備）になるには

どんな学校に行けばいいの？
　ドック担当の整備士になるには、航空整備士としての国家資格の取得が必要だ。工業高校や航空専門学校、理工系大学などの卒業者がほとんど。卒業後、航空会社の整備部門に就職し、社内研修や現場の経験を積み重ねながら、最終的に一等航空整備士を取得する流れが一般的だ。

どんなところで働くの？
　仕事場は、空港内にある整備場の格納庫の中になる。ライン担当の整備士とは違い、大がかりな整備やパーツ交換、定期点検の必要な飛行機が格納庫に運ばれてくるので、綿密な作業スケジュールに沿って、チーム編成されたスタッフといっしょに作業を進めていくことになる。

Chapter 5 空港を支えるためにどんな人が働いているの？

働いている人に Interview! 11

▶ 運航支援

お客さまが機内で快適に過ごせるように、
その日の天気や風向きを調べ、
パイロットに伝える仕事。

濱本真衣さん
（はまもと まい）

2011年ANA入社。大学は理工学部で化学を学ぶ。創作ダンス部所属。アメリカ生まれで、空港を利用する機会も多かったことから航空会社を志望した。就職活動中に知ったのが運航支援の仕事で、「こういう仕事を女性の先輩（せんぱい）がしている姿を見て、かっこいいと思ったんです」

Interview!

運航支援ってどんな仕事?

お客さまが快適なフライトを楽しめるよう、乗員にさまざまな情報を伝える仕事。天気や風などゆれの少ない運航に役立つ情報をパイロットに伝えるブリーフィング、機内と無線で情報をやりとりし、空港で働く各部門のスタッフが円滑に動けるよう情報を提供するラジオやモニターの仕事も担当する。

当日の飛行先の天気と風向きを伝える

　お客さまに快適な空の旅を楽しんでいただくためには、なるべくゆれない飛び方を心がけなければなりません。そのためにパイロットは、その日の飛行先の天気や風向きなどを知っておく必要があります。

　空港には航空管制官がいますが、彼らは離発着する飛行機がぶつからないように交通整理をするのが主な仕事で、国家公務員です。運航支援は、航空会社の中にある一部門で、乗員に快適な運航のための情報提供をするのが仕事です。ゆれが少なければ、お客さまに安心して機内でくつろいでいただけますし、機内サービスする時間をできるだけ長く提供することができますからね。

　運航支援は、「ブリーフィング」「ラジオ」「モニター」と3つの仕事に分けられます。仕事でいちばん多いのが、パイロットへのブリーフィング。その日の天気図を解析し、出発地と到着地の天気状況や、どの高度を飛べばゆれが少なくなるかなどの情報を、ステーションコントロールという場所で飛行機に乗り込む前のパイロットにお伝えするのです。

　気象庁から配信された天気図を見せながら、「今日は雲がこの辺にかかってきそうです」「ここでは風の変化があるのでゆれそうです」というように、ゆれが起こりそうなポイントを中心に伝えます。

　飛行機のゆれには、風の強度や向き、雲の高さが関係します。飛行機は風に向かって飛ばないと揚力を得られないため、横風や後ろ風に弱いのです。また雲が低いところにあると、着陸時に滑走路が見えてくる飛

行高度が低くなり、安全な着陸が難しくなります。出発地が晴れていても、到着地の天気が悪いと、着陸できないこともあるんですよ。

ほかにも、機体の整備状況や搭載物に関する情報の提供があります。乗員は運航に直接支障のないような小さな整備要件でも頭に入れておかなければなりませんし、放射性物質のような危険物や生鮮品を運ぶためのドライアイスを搭載する場合、知っておくことが法律で定められています。車椅子利用のお客さまのような配慮を要する方の情報も大切です。

機内と無線でやりとりを

もうひとつが、ラジオと呼ばれる機内の乗員と無線でやりとりする仕事です。飛行機はドアが閉まると密室になりますから、乗員が外から情報を得るには、無線を通すしかありません。

たとえば、飛行機が地上にいる場合、お客さまがすべて乗り込み、貨物を搭載し終わらないと出発できませんが、定刻になってもそれが終わらないことがあります。グランドスタッフや搭載業務の担当者から届いたそうした遅延情報をパイロットや客室乗務員に伝える必要があります。

今日の天気図をチェック

Interview!

また、飛行機が滑走路に向かう途中で、乗員から「機体の不具合が見つかった！」という報告を受けることもあります。その場合は、飛行機が戻るスポット（場所）を確認して、乗員に伝えます。

飛行中の場合だと、「急にゆれが出てきたのだけれど、ゆれない高度はわかりますか？」とパイロットから連絡が入ることもあります。事前にブリーフィングしていても、空の状況はどんどん変わりますし、雲は流れていく。その場合、リアルタイムの天気図を解析しながら最新情報をお伝えします。機内で重病人が発生した場合など、緊急にどこかの空港に着陸する必要がありますが、

▶運航支援者のある1日◀

13時30分	出勤。1日の仕事を始める準備として、今日の天気状況を大まかに把握する。
14時00分	モニターの仕事。つぎつぎに到着する便のパイロットと航空管制官との無線のやりとりから到着予定時刻を割り出していく。
16時45分	休憩。
17時45分	ラジオの仕事。グランドスタッフや整備士などから届く情報を機内の乗員に無線で伝える。
20時00分	国際線（ロサンゼルス線）のブリーフィングのための準備。目的地の天気図を解析し、パイロットに渡す資料づくりをする。国内線よりフライト時間が長いので念入りに。
22時30分	実際にパイロットにブリーフィングを行う。
23時00分	今日の反省点や業務内容の報告をする。
23時15分	勤務終了。退社。

※羽田空港は24時間運用のため交替制のシフト勤務。

パイロットとブリーフィング。「このあたりの天気が荒れそうです」

これも無線でやりとりすることになります。

ラジオの仕事に関連したもうひとつの仕事が、モニターです。これは、航空管制官と空港に到着する飛行機のパイロットとの無線のやりとりを同時に聞いて、できるだけリアルタイムの到着時刻を予想する仕事です。

空港周辺の空の混雑具合や天気によって、時刻表通りに到着できるとは限りません。飛行機の位置はレーダーでわかるのですが、あと何分で到着するか。この分刻みの情報をシステムとして反映させることは、地上でスタンバイしている整備士や旅客担当など、空港で働くさまざまなスタッフの効率的で連携した動きにつながるのです。

快適な空の旅のために日々勉強

この仕事で大変なのは、日々勉強というところです。新しい空港や滑走路がつぎつぎにオープンし、新型の飛行機もどんどん登場しています。飛行ルートもよく変わります。すべては安全運航を支えるために必要な情報なので、勉強に終わりがないんです。

たとえば、ある空港の照明設備が台風で一時使えなくなったと報告を

飛行中のパイロットと交信中

受けた場合。その照明は滑走路を照らすためのものなので、夜の着陸に支障が出るかもしれない。こうしたことも、当然ブリーフィングに盛り込まなければなりません。なにしろ相手はプロのパイロットです。実際に飛行機を飛ばしている人を相手にマンツーマンで対等に話し合えるようにならなければいけないのですから、毎日が猛勉強なんです。それだけに、パイロットから「良いブリーフィングだったよ。ありがとう」と言われるのがいちばんうれしいですね。

　この仕事をしていると、頭から天気のことが離れなくなります。お休みの日でもいろいろと気になって、天気情報ばかり見てしまう。台風が来ると、飛行機の遅れや欠航があるので、もう大変です。でも、そのときはチームが一丸になって仕事に取り組むので、充実感があります。

　今後の目標は、運航管理者の資格を取ることです。運航支援のつぎのステップで、国家資格が必要です。今はパイロットに情報提供するだけですが、運航管理者になれば、実際のフライトプランをつくることができるようになります。台風のときに、飛ぶか飛ばないかの判断は運航管理者が担っているのです。国家資格取得には、学科試験と実地試験があるので、まだ長い勉強の日々が続く予定です。

運航支援者になるには

どんな学校に行けばいいの？
　運航支援の仕事をするには、まず航空会社の一部門の社員として採用されなければならない。航空工学など特別な学科を専攻していなくてもかまわないが、入社後勉強しなければならないことは多い。ANAの場合、3カ月間の養成期間を経て現場デビューする。その後のステップとして運航管理者になる道がある。

どんなところで働くの？
　基本的に、空港ビル内にあるステーションコントロールと呼ばれるスペースで働くことになる。パイロットとのブリーフィングもここで。ラジオやモニターの仕事では、無線機を使って機内の乗員とやりとりをするが、これも同じスペース内にある。

Chapter 5　空港を支えるためにどんな人が働いているの？

働いている人に

予約案内

お客さまからの
航空券の予約や問い合わせを
電話で案内する仕事。

石井麻莉子さん
(いしい まりこ)

2010年ANAテレマート株式会社入社。大学は英文科で学ぶ。学生時代は、英会話やピアノなどの習い事をしっかりやり、留学もした。空港で働いている人たちの笑顔にあこがれ、航空会社を志望する。「学生時代にいろいろなことにチャレンジしてください。その経験は必ず仕事に生きてきます」

Interview!

▶ 予約案内ってどんな仕事？ ◀

　予約案内のコミュニケーターは、航空券の予約や変更手続き、航空会社のサービス内容や飛行機の旅に関するさまざまな問い合わせに電話で答える。姿は見えなくても航空会社の顔だ。お客さまの立場に立って親身に相談に乗ることが求められる。外国客の問い合わせも増えているので、英語力は不可欠となってきた。

飛行機に関するさまざまな質問や期待に応える

　私は国際線の予約案内センターで、お客さまからのお問い合わせや航空券の予約などを電話でお受けするコミュニケーターをしています。

　一人のコミュニケーターは一日平均50名のお客さまからの電話を受けます。内容はさまざまです。たとえば、運賃に関するお問い合わせ。また、すでにご予約いただいているお客さまからの、機内に搭載できる荷物の許容量や機内サービスに関するご質問。小さなお子さま連れのお客さまであれば、機内に食べ物を持ち込めるか、お子さま用の食事はあるかなど。お客さまそれぞれの状況に応じた質問や要望にできる限りお答えしています。

　最近は、航空券の予約はインターネットを利用する方が増えました。しかし、複雑な旅程や日程の変更、取り消しなどは、予約案内センターにかかってくることが多いです。

「チェックインの時間に間に合いそうもないけれど、どうしよう！」という電話を、突然いただくこともあります。そういう場合は、すぐにこちらから空港にお客さまの情報を伝えつつ、もし間に合わなかった場合も考えて、チケットの変更のご相談に乗ることもあります。お気持ちはよく理解できるので、応援する気持ちで落ち着いてお話しいただける雰囲気を出すようにします。

　海外からの緊急電話もよくあります。現地でケガをされたり病気になられた方からのご相談、暴風雨などにより帰国便が欠航となり、海外

から帰国できないお客さまを日本で待つご家族からのお電話など。不安なとき、心配なときに頼っていただける存在なのです。

日本のお客さまと同じように、海外のお客さまからの電話も受けます。私の英語力はまだまだ勉強中ですが、一生懸命、心をこめてお話しをするとそれが伝わって、コミュニケーションを取ることができます。お客さまの背景や状況に気を配りながら、ご質問や期待にできる限り応えることができるようにがんばっています。

お客さまにご満足いただくために

私たちの仕事は世界中から電話を受け、その内容も多岐にわたります。すべてのお客さまの期待に応えるため、業務が開始するまでの時間を大切にしています。航空会社では、新しい運賃やルール変更などが世界中で頻繁にあるので、一つひとつ確認して頭に入れながら、勉強します。

また私たちは、お客さまをできる限りお待たせすることがないよう常に意識をしています。コミュニケーターが一人のお客さまとお話しした時間をハンドリングタイムといいますが、これはより短いほうが好まし

お客さまからの電話に応答中

いとされています。なぜなら、お問い合わせに迅速かつ正確に答えれば、つぎのお客さまをお待たせしません。実は、私たちは毎日の応答平均時間を記録に残しています。それを毎朝のブリーフィング時に、上司がスタッフたちへ伝えます。そうすることで、お客さまの期待に応え、高いレベルを維持できるような努力につながります。状況に見合う的確な判断をすることが、結果的にお客さまの時間短縮になるのです。

　実際、複雑で難しいご質問をされる方もたくさんいらっしゃいます。たとえば、あまり聞きなれない世界遺産の名前だけをあげて、「こちらに行きたいのですが、いちばん近い

予約案内のコミュニケーターのある1日

8時00分	出勤。業務開始前の準備をする。新しい運賃やルール変更などを確認する。
8時55分	同じシフトのスタッフと始業ブリーフィング。前日のハンドリングタイムの報告や注意事項などを確認。
9時00分	コミュニケーター業務開始。1日平均約50名のお客さまからの電話を受ける。お客さまの時間を大切に考え、迅速かつ正確な応対をする。
13時00分	休憩。昼食。
14時00分	コミュニケーター業務に入る。
18時00分	同じシフトのスタッフと終業ブリーフィング。当日の業務の反省点や報告など。
18時15分	勤務終了。退社。

※予約案内センターの電話受付時間は長時間なので、交替制のシフト勤務。

飛行機の座席の空き状況を確認します

空港はどこですか？」と質問されることもあります。また、世界一周旅行ができる航空券があるのですが、さまざまな航空会社を組み合わせた乗り継ぎのルートが考えられるので、じっくり時間をかけてお調べした上で、いちばんお客さまに喜ばれる旅程をご提案しています。そのような旅慣れたお客さまのご要望にお応えすることは、自分自身の勉強になりますし、世界中を知ることもできるので楽しい仕事です。

「あんしん、あったか、あかるく元気！」

お客さまのご要望通りの手配ができたときは、やりがいを感じます。先日も、マイレージというポイントと交換(こうかん)をしてご利用いただける特典航空券で、旅行を計画されている方からお電話がありました。特典航空券の場合、席に限りがあるので、残念ながら希望されていた日程で予約が取れませんでした。そこで、特典航空券は空席待ちとしてお預かりをして、ご希望の日程で必ずご旅行ができるように、ほかのお得に利用できる航空券のご提案もしました。

結果としてはご希望の特典航空券で予約が取れたのですが、その後お

予約センターのようす

Interview!

　客さまより私宛てに「ていねいな対応をありがとう」とお礼のお電話をいただきました。やはり、お客さまから「ありがとう」と言われると、うれしく思います。
　私がいつも心がけていることは、お客さまによって話し方を変えることです。ビジネスマンの場合、お急ぎの方が多いので、声のトーンを相手に合わせててきぱきと重要なポイントを意識して話すようにします。また、電話されている方の後ろから赤ちゃんの泣き声が聞こえてくると、状況を察して、「後ほどあらためて折り返しのご連絡をいたしましょうか？」とご提案することもあります。お客さまがどのような状況でお話しをされているのか、注意深く耳を傾けて判断をしているのです。
　いちばん大事なことは、笑顔でお話しをすることです。ANAグループ全体のコンセプトとして、「あんしん、あったか、あかるく元気！」という言葉があります。直接お顔を見ることができないお客さまへの対応であっても、この方のために何かをしてさしあげたいという気持ちで接していると、自然と、「あんしん、あったか、あかるく元気！」な対応になって、電話の向こうにいらっしゃるお客さまにもそれが伝わると思っています。

予約案内のコミュニケーターになるには

どんな学校に行けばいいの？
　コミュニケーターになるには、航空会社の予約案内業務を専門に行うコールセンター会社に採用されなければならない。特別な資格は必要ないが、国内外の地理にくわしく、海外旅行の経験があると仕事に生きる場面が多い。外国のお客さまからの電話も増えているので、英語を中心に外国語の能力が求められる。

どんなところで働くの？
　コミュニケーターの仕事場は、コールセンターと呼ばれる広いオフィスだ。各自のデスクには電話とパソコンが置かれ、さまざまな問い合わせの電話に対応することになる。勤務地は空港のそばとは限らない。ANAテレマートの場合、東京、札幌、大阪、福岡、長崎の５つの勤務地がある。

ほかにもこんな仕事があるよ！

空港職員

どんな仕事？
　空港には航空会社や関連会社の社員だけでなく、空港そのものの運営にたずさわる職員も働いている。その空港職員の仕事はとても幅広い。ターミナルや駐機場などの運営管理から、空港ビルに入っているテナント（ショップやレストランなどの店舗のこと）の管理、航空会社との調整、報道各社への取材対応、地元の住民との話し合いとさまざまだ。また、空港全体の安全対策として、テロやハイジャックなどから空港を守るため、警備業務も担っている。

この仕事に就くためには？
　空港職員は、空港を運営する法人に所属しているので、希望する空港を管轄している法人へ入社する必要がある。国際空港の場合、海外機関や外国の航空会社とのやりとりがあるので、英語をはじめとした語学力が必要だ。

ショップやレストランの店員

どんな仕事？
　空の玄関口という役割のほかにも空港は、アミューズメントスポットやレジャー施設としての顔もある。有名レストランや人気のスイーツ店、キャラクターショップなど、訪れた人が快適に過ごせるようにさまざまな店舗があり、大人から子どもまで楽しめるようになっている。基本的にはそれぞれの店舗の店員として働くが、空港スタッフとしてお客さまをもてなす心も大切だ。

この仕事に就くためには？
　まずは、空港へテナントとして出店しているレストランやショップを経営する会社へ入社する。そこで空港の店舗への配属が叶えば、空港で働くことができる。しかし、店舗は空港以外にもあるので、必ずしも空港の店舗で働けるとは限らない。パートやアルバイトなどで直接空港の店舗へ応募して、働く道もある。

この本ができるまで
——あとがきに代えて

　この本を読み終わったみなさんは、今どんなことを感じているでしょう。飛行機の安全な運航がどれほど多くの人たちの力で支えられているのか。空港で働く人たちが快適なフライトのため、またなるべく遅延が起こらないようにするため、どれほど心を尽くして努力しているか。すべては私たち乗客のためにです。そのチームワークの見事さは、ちょっと感動的ではなかったでしょうか。世の中にはたくさんの仕事がありますが、空港の仕事は多くの人たちのあこがれであると同時に、人の命を預かる強い責任感がなくては務まらないものなのです。

　最後に、取材にご協力くださったANAをはじめとした羽田空港などのスタッフの方々のお名前をつぎのページに記します。お忙しい日々の中お時間をいただき、取材に応じてくださり、ありがとうございました。

　空港で働くみなさんが自分の仕事にプライドをもち、おたがい協力し合いながら、分刻みのスケジュールの中で、責任を果たしておられる姿に感銘を受けました。

　特に広報の国松歩美さんと黒川暁子さんには、取材や仕事場の撮影に同行していただき、みなさんの仕事に対する考え方ややりがい、ご苦労について、わかりやすく教えていただきました。

　また本の制作段階でも、多くの方に助けていただきました。このシリーズを企画してくれたぺりかん社の中川和美さんには、毎回取材に同行し、写真撮影を担当していただきました。また取材のアシスタントをしてくれた平井真理さん、わかりやすくかわいいイラストで文章を補ってくださった山本州さん、そしてシリーズの装幀の担当をお願いしている菊地信義さんにも、この場をお借りして感謝いたします。

この本に協力してくれた人たち

全日本空輸株式会社
国松歩美さん、黒川暁子さん、小嶋幸男さん、作村享佑さん
但中絵里さん、濱本真衣さん、廣田至夫さん、古矢恵梨さん
道廣直幹さん、森岡綾さん、山本剛さん

ANAエアポートハンドリング株式会社
白岩希望さん、田村耕二さん、橋本佳明さん

株式会社ANAケータリングサービス
阿久津仁さん、大石健一さん、浜田雄一郎さん

ANAテレマート株式会社
石井麻莉子さん、室園純子さん

国土交通省東京航空局東京空港事務所
太田直樹さん、木村章さん、田口周作さん、乳井智洋さん

東京入国管理局羽田空港支局
北沢岳さん、堤千枝さん、矢吹なつ美さん、吉田智美さん

装幀:菊地信義

本文デザイン・イラスト:山本 州(raregraph)
本文DTP:吉澤衣代(raregraph)

[著者紹介]
中村正人（なかむら まさと）

1963年生まれ。立教大学社会学部卒業。出版社勤務を経て、現在はジャーナリスト。観光ビジネス関連の書籍、記事を多数執筆。著書には『しごと場見学！ホテルで働く人たち』（ぺりかん社）、『好きからチャレンジ！資格と検定の本⑤ 旅行と歴史にトライ！』（学習研究社）、『ホテル業界大研究』（産学社）などがある。

しごと場見学！──空港で働く人たち
［デジタルプリント版］

2013年 3月25日　初版第1刷発行
2018年 1月31日　初版第1刷発行［デジタルプリント版］
2022年12月25日　初版第4刷発行［デジタルプリント版］

著　者：中村正人
発行者：廣嶋武人
発行所：株式会社ぺりかん社
　　　　〒113-0033　東京都文京区本郷1-28-36
　　　　TEL: 03-3814-8515（営業）　03-3814-8732（編集）
　　　　http://www.perikansha.co.jp/
印刷・製本所：大日本印刷株式会社

ⓒNakamura Masato 2013
ISBN 978-4-8315-1500-1
Printed in Japan

出版案内

しごと場見学!シリーズ

第1期～第7期
全30巻

しごとの現場としくみがわかる!

全国中学校進路指導・
キャリア教育連絡協議会 推薦

私たちの暮らしの中で利用する場所や、施設にはどんな仕事があって、どんな仕組みで成り立っているのかを解説するシリーズ。
豊富なイラストや、実際に働いている人たちへのインタビューで、いろいろな職種を網羅して紹介。本書を読むことで、「仕事の現場」のバーチャル体験ができます。

シリーズ第1期：全7巻
病院で働く人たち／駅で働く人たち／放送局で働く人たち／学校で働く人たち／介護施設で働く人たち／美術館・博物館で働く人たち／ホテルで働く人たち

シリーズ第2期：全4巻
消防署・警察署で働く人たち／スーパーマーケット・コンビニエンスストアで働く人たち／レストランで働く人たち／保育園・幼稚園で働く人たち

シリーズ第3期：全4巻
港で働く人たち／船で働く人たち／空港で働く人たち／動物園・水族館で働く人たち

シリーズ第4期：全4巻
スタジアム・ホール・シネマコンプレックスで働く人たち／新聞社・出版社で働く人たち／遊園地・テーマパークで働く人たち／牧場・農場で働く人たち

シリーズ第5期：全3巻
美容室・理容室・サロンで働く人たち／百貨店・ショッピングセンターで働く人たち／ケーキ屋さん・カフェで働く人たち

シリーズ第6期：全3巻
工場で働く人たち／ダム・浄水場・下水処理場で働く人たち／市役所で働く人たち

シリーズ第7期：全5巻
銀行で働く人たち／書店・図書館で働く人たち／クリニック・薬局で働く人たち／商店街で働く人たち／ごみ処理場・リサイクルセンターで働く人たち

一部の商品は［デジタルプリント版］となります。詳細は小社営業部までお問い合わせください。

各巻の仕様	A5判／並製／160頁／定価：本体1900～2200円+税

出版案内

発見！しごと偉人伝 シリーズ
近現代の伝記で学ぶ職業人の「生き方」シリーズ

本シリーズの特色
- 各巻がテーマとする分野で、近現代に活躍した偉人たちの伝記を収録。
- 豊富な図、イラストで、重要ポイントや、基礎知識などをわかりやすく解説。

発見！しごと偉人伝①
医師という生き方
茨木 保 著

[本書に登場する偉人]
- 野口英世（医学者）
- 北里柴三郎（医学者）
- 荻野吟子（産婦人科・小児科医）
- 山極勝三郎（医学者）
- 荻野久作（産婦人科医・医学者）
- 永井 隆（放射線科医）
- ナイチンゲール（看護師）
- 国境なき医師団（NGO）

価格：**本体1500円＋税**
ISBN 978-4-8315-1272-7 C0047

発見！しごと偉人伝②
技術者という生き方
上山明博 著

[本書に登場する偉人]
- 糸川英夫（ロケット博士）
- 本田宗一郎（エンジニア）
- 屋井先蔵（発明起業家）
- 安藤 博（エンジニア）
- 内藤多仲（建築家）
- 田中耕一（エンジニア）

価格：**本体1500円＋税**
ISBN 978-4-8315-1313-7 C0037

発見！しごと偉人伝③
教育者という生き方
三井綾子 著

[本書に登場する偉人]
- ペスタロッチ（教育者）
- フレーベル（幼児教育者）
- モンテッソーリ（幼児教育者）
- コルチャック（教育者・小児科医）
- 緒方洪庵（教育者・医師）
- 福沢諭吉（教育者）
- 嘉納治五郎（教育者・柔道家）
- 津田梅子（教育者）
- 宮沢賢治（児童文学者）
- 大村はま（教育者）

価格：**本体1500円＋税**
ISBN 978-4-8315-1331-1 C0037

発見！しごと偉人伝④
起業家という生き方
小堂敏郎・谷 隆一 著

[本書に登場する偉人]
- 松下幸之助（起業家・パナソニック創業者）
- 井深 大（起業家・ソニー創業者）
- 盛田昭夫（起業家・ソニー創業者）
- 安藤百福（起業家・日清食品創業者）
- 小倉昌男（経営者・ヤマト運輸）
- 村田 昭（経営者・村田製作所）
- 江副浩正（起業家・リクルート創業者）
- スティーブ・ジョブズ（起業家・アップル創業者）

価格：**本体1500円＋税**
ISBN 978-4-8315-1371-7 C0034

発見！しごと偉人伝⑤
農業者という生き方
藤井久子 著

[本書に登場する偉人]
- 二宮金次郎（農業者）
- 青木昆陽（農学者）
- 船津伝次平（農業指導者）
- 中山久蔵（農業者）
- 福岡正信（農業者）
- 杉山彦三郎、松戸覚之助、
- 阿部亀治（農業者）
- 西岡京治（農業指導者）
- 安藤昌益（思想家・農業者）

価格：**本体1500円＋税**
ISBN 978-4-8315-1384-7 C0061

| 各巻の仕様 | 四六判／並製カバー装／平均180頁 | 価格：**本体1500円＋税** |

出版案内

会社のしごとシリーズ　全6巻
会社の中にはどんな職種があるのかな？

松井大助 著

社会にでると多くの人たちが「会社」で働きます。会社には、営業や企画、総務といったしごとがありますが、これらがどういうしごとであるか、意外と正しく理解されていないのではないでしょうか？
このシリーズでは、会社の職種を6つのグループに分けて分かりやすく紹介し、子どもたちに将来のしごとへの理解を深めてもらうことを目指します。

① 売るしごと
営業・販売・接客
ISBN 978-4-8315-1306-9

お客さまと向き合い、会社の商品であるモノやサービスを買ってもらえるように働きかける「営業・販売・接客」のしごと。実際に働く14名へのインタビューを中心に、くわしく紹介します。

② つくるしごと
研究・開発・生産・保守
ISBN 978-4-8315-1323-6

ニーズにあった形や色・機能の商品を、適切な技術と手順で商品に仕上げ、管理する「研究・開発・生産・保守」のしごと。実際に働く14名へのインタビューを中心に、くわしく紹介します。

③ 考えるしごと
企画・マーケティング
ISBN 978-4-8315-1341-0

新たなモノやサービスを考え出し、お客様に買ってもらうための作戦を立てる「企画・マーケティング」のしごと。実際に働く14名へのインタビューを中心に、くわしく紹介します。

④ 支えるしごと
総務・人事・経理・法務
ISBN 978-4-8315-1350-2

各部門の社員が十分に力を発揮できるように、その活動をサポートする「総務・人事・経理・法務」のしごと。実際に働く14名へのインタビューを中心に、くわしく紹介します。

⑤ そろえるしごと
調達・購買・生産管理・物流
ISBN 978-4-8315-1351-9

工場やお店に必要なモノがそろうように手配する「調達・購買・生産管理・物流」のしごと。実際に働く14名へのインタビューを中心に、くわしく紹介します。

⑥ 取りまとめるしごと
管理職・マネージャー
ISBN 978-4-8315-1352-6

みんながいきいきと働いて、目的を達成できるように取りまとめる「管理職・マネージャー」のしごと。実際に働く14名へのインタビューを中心に、くわしく紹介します。

各巻の仕様　A5判／上製カバー装／平均160頁　　価格：本体2800円＋税

出版案内

探検! ものづくりと仕事人
仕事人が語る、ものづくりのおもしろさ！ 全5巻

本シリーズの特色
- その商品ができるまでと、かかわる人たちをMAPで一覧！
- 大きな写真と豊富なイラストで、商品を大図解！
- できるまでの工場見学をカラーページで紹介！
- 仕事人のインタビューから、仕事のやりがいや苦労がわかる！
- 歴史や知識もわかる、豆知識ページつき！

マヨネーズ・ケチャップ・しょうゆ
山中伊知郎 著
ISBN 978-4-8315-1329-8

マヨネーズ マヨネーズができるまでを見てみよう！ マヨネーズにかかわる仕事人！ ケチャップ ケチャップができるまでを見てみよう！ ケチャップにかかわる仕事人！ しょうゆ しょうゆができるまでを見てみよう！ しょうゆにかかわる仕事人！ まめちしき（マヨネーズの歴史 他）

ジーンズ・スニーカー
山下久猛 著
ISBN 978-4-8315-1335-9

ジーンズ ジーンズができるまでを見てみよう！ ジーンズにかかわる仕事人！ スニーカー スニーカーができるまでを見てみよう！ スニーカーにかかわる仕事人！ まめちしき（ジーンズの歴史・生地の話、スニーカーの歴史、スニーカーの選び方）

シャンプー・洗顔フォーム・衣料用液体洗剤
浅野恵子 著
ISBN 978-4-8315-1361-8

シャンプー シャンプーができるまでを見てみよう！ シャンプーにかかわる仕事人！ 洗顔フォーム 洗顔フォームができるまでを見てみよう！ 洗顔フォームにかかわる仕事人！ 衣料用液体洗剤 衣料用液体洗剤ができるまでを見てみよう！ 衣料用液体洗剤にかかわる仕事人！ まめちしき（シャンプーの歴史 他）

リップクリーム・デオドラントスプレー・化粧水
津留有希 著
ISBN 978-4-8315-1363-2

リップクリーム リップクリームができるまでを見てみよう！ リップクリームにかかわる仕事人！ デオドラントスプレー デオドラントスプレーができるまでを見てみよう！ デオドラントスプレーにかかわる仕事人！ 化粧水 化粧水ができるまでを見てみよう！ 化粧水にかかわる仕事人！ まめちしき（リップクリームの歴史 他）

チョコレート菓子・ポテトチップス・アイス
戸田恭子 著
ISBN 978-4-8315-1368-7

チョコレート菓子 チョコレート菓子ができるまでを見てみよう！ チョコレート菓子にかかわる仕事人！ ポテトチップス ポテトチップスができるまでを見てみよう！ ポテトチップスにかかわる仕事人！ アイス アイスができるまでを見てみよう！ アイスにかかわる仕事人！ まめちしき（チョコレート菓子の歴史 他）

| 各巻の仕様 | A5判／上製カバー装／平均128頁／一部カラー　　価格：本体2800円＋税 |

【なるにはBOOKS】

税別価格 1170円～1600円

- ❶ ─ パイロット
- ❷ ─ 客室乗務員
- ❸ ─ ファッションデザイナー
- ❹ ─ 冒険家
- ❺ ─ 美容師・理容師
- ❻ ─ アナウンサー
- ❼ ─ マンガ家
- ❽ ─ 船長・機関長
- ❾ ─ 映画監督
- ❿ ─ 通訳者・通訳ガイド
- ⓫ ─ グラフィックデザイナー
- ⓬ ─ 医師
- ⓭ ─ 看護師
- ⓮ ─ 料理人
- ⓯ ─ 俳優
- ⓰ ─ 保育士
- ⓱ ─ ジャーナリスト
- ⓲ ─ エンジニア
- ⓳ ─ 司書
- ⓴ ─ 国家公務員
- ㉑ ─ 弁護士
- ㉒ ─ 工芸家
- ㉓ ─ 外交官
- ㉔ ─ コンピュータ技術者
- ㉕ ─ 自動車整備士
- ㉖ ─ 鉄道員
- ㉗ ─ 学術研究者(人文・社会科学系)
- ㉘ ─ 公認会計士
- ㉙ ─ 小学校教諭
- ㉚ ─ 音楽家
- ㉛ ─ フォトグラファー
- ㉜ ─ 建築技術者
- ㉝ ─ 作家
- ㉞ ─ 管理栄養士・栄養士
- ㉟ ─ 販売員・ファッションアドバイザー
- ㊱ ─ 政治家
- ㊲ ─ 環境専門家
- ㊳ ─ 印刷技術者
- ㊴ ─ 美術家
- ㊵ ─ 弁理士
- ㊶ ─ 編集者
- ㊷ ─ 陶芸家
- ㊸ ─ 秘書
- ㊹ ─ 商社マン
- ㊺ ─ 漁師
- ㊻ ─ 農業者
- ㊼ ─ 歯科衛生士・歯科技工士
- ㊽ ─ 警察官
- ㊾ ─ 伝統芸能家
- ㊿ ─ 鍼灸師・マッサージ師
- 51 ─ 青年海外協力隊員
- 52 ─ 広告マン
- 53 ─ 声優
- 54 ─ スタイリスト
- 55 ─ 不動産鑑定士・宅地建物取引主任者
- 56 ─ 幼稚園教諭
- 57 ─ ツアーコンダクター
- 58 ─ 薬剤師
- 59 ─ インテリアコーディネーター
- 60 ─ スポーツインストラクター
- 61 ─ 社会福祉士・精神保健福祉士
- 62 ─ 中小企業診断士
- 63 ─ 社会保険労務士
- 64 ─ 旅行業務取扱管理者
- 65 ─ 地方公務員
- 66 ─ 特別支援学校教諭
- 67 ─ 理学療法士
- 68 ─ 獣医師
- 69 ─ インダストリアルデザイナー
- 70 ─ グリーンコーディネーター
- 71 ─ 映像技術者
- 72 ─ 棋士
- 73 ─ 自然保護レンジャー
- 74 ─ 力士
- 75 ─ 宗教家
- 76 ─ CGクリエータ
- 77 ─ サイエンティスト
- 78 ─ イベントプロデューサー
- 79 ─ パン屋さん
- 80 ─ 翻訳家
- 81 ─ 臨床心理士
- 82 ─ モデル
- 83 ─ 国際公務員
- 84 ─ 日本語教師
- 85 ─ 落語家
- 86 ─ 歯科医師
- 87 ─ ホテルマン
- 88 ─ 消防官
- 89 ─ 中学校・高校教師
- 90 ─ 動物看護師
- 91 ─ ドッグトレーナー・犬の訓練士
- 92 ─ 動物園飼育員・水族館飼育員
- 93 ─ フードコーディネーター
- 94 ─ シナリオライター・放送作家
- 95 ─ ソムリエ・バーテンダー
- 96 ─ お笑いタレント
- 97 ─ 作業療法士
- 98 ─ 通関士
- 99 ─ 杜氏
- 100 ─ 介護福祉士
- 101 ─ ゲームクリエータ
- 102 ─ マルチメディアクリエータ
- 103 ─ ウェブクリエータ
- 104 ─ 花屋さん
- 105 ─ 保健師・養護教諭
- 106 ─ 税理士
- 107 ─ 司法書士
- 108 ─ 行政書士
- 109 ─ 宇宙飛行士
- 110 ─ 学芸員
- 111 ─ アニメクリエータ
- 112 ─ 臨床検査技師
- 113 ─ 言語聴覚士
- 114 ─ 自衛官
- 115 ─ ダンサー
- 116 ─ ジョッキー・調教師
- 117 ─ プロゴルファー
- 118 ─ カフェオーナー・カフェスタッフ・バリスタ
- 119 ─ イラストレーター
- 120 ─ プロサッカー選手
- 121 ─ 海上保安官
- 122 ─ 競輪選手
- 123 ─ 建築家
- 124 ─ おもちゃクリエータ
- 125 ─ 音響技術者
- 126 ─ ロボット技術者
- 127 ─ ブライダルコーディネーター
- 128 ─ ミュージシャン
- 129 ─ ケアマネジャー
- 130 ─ 検察官
- 131 ─ レーシングドライバー
- 132 ─ 裁判官
- 133 ─ プロ野球選手
- 134 ─ パティシエ
- 135 ─ ライター
- 136 ─ トリマー
- 137 ─ ネイリスト
- 138 ─ 社会起業家
- 139 ─ 絵本作家
- 140 ─ 銀行員
- 141 ─ 警備員・セキュリティスタッフ
- 142 ─ 観光ガイド
- 143 ─ 理系学術研究者
- 144 ─ 気象予報士・予報官
- 145 ─ ビルメンテナンススタッフ
- 146 ─ 義肢装具士
- 147 ─ 助産師
- 148 ─ グランドスタッフ
- 149 ─ 診療放射線技師
- 150 ─ 視能訓練士
- 151 ─ バイオ技術者・研究者
- 152 ─ 救急救命士
- 153 ─ 臨床工学技士
- 154 ─ 講談師・浪曲師
- 155 ─ AIエンジニア
- 156 ─ アプリケーションエンジニア
- 157 ─ 土木技術者
- 158 ─ 化学技術者・研究者
- 159 ─ 航空宇宙エンジニア
- 学部調べ 看護学部・保健医療学部
- 学部調べ 理学部・理工学部
- 学部調べ 社会学部・観光学部
- 学部調べ 文学部
- 学部調べ 工学部
- 学部調べ 法学部
- 学部調べ 教育学部
- 学部調べ 医学部
- 学部調べ 経営学部・商学部
- 学部調べ 獣医学部
- 学部調べ 栄養学部
- 学部調べ 外国語学部
- 学部調べ 環境学部
- 学部調べ 教養学部
- 学部調べ 薬学部
- 学部調べ 国際学部
- 学部調べ 経済学部
- 学部調べ 農学部
- 学部調べ 社会福祉学部
- 学部調べ 歯学部
- 学部調べ 人間科学部
- 学部調べ 生活科学部・家政学部
- 学部調べ 芸術学部
- 学部調べ 情報学部

※一部品切・改訂中です。　2022.11.